もう戻らない！
乗り遅れるな!!

「ニューノーマル」最強仕事術

生き残る人 と 捨てられる人

評価を分ける新基準を攻略

HAMADA HIDEHIKO
濱田秀彦

講談社ビーシー／講談社

はじめに

ビジネスシーンを大きく変えたコロナショック。会社に行かず自宅で仕事をする、人と会わずに仕事を進める、といった状況に、多くのビジネスパーソンが戸惑いながらも適応してきました。

そんな中で、密かに、しっかりと評価を上げてきた人がいます。

次の2つは、同一人物に対する上司の評価コメントです。

コロナ前

「ひとことでいうと彼は印象が薄いです。声は小さいし、話が長い。後輩の面倒もあまり見ませんし、チームの中で存在感が出せていません」

コロナ後

「彼はしっかりした考えを持っていて、着々と仕事を前に進めています。後輩の面倒もよく見ていて、チームの中で存在感を増しています」

これは実話です。ここで登場した部下の「彼」が、コロナ禍の最中に劇的に変わったわけではありません。変わったのは、ゲームのルール。彼は、これまでのルールでは負けていた人。しかし、ゲームのルールが変わったことで、勝ち組に変わりました。

この本は、あなたが、新しいルールを知り、ビジネスというゲームで勝者になるためのものです。

コロナ後のビジネスシーン、身近なところで変わったのは、テレワークなどの働き方、ビデオ会議など非対面のビジネススタイルといったものでした。しかし、変化はそれだけではありません。企業も大きく変わりつつあります。

多くの企業は中期的な景気低迷の影響を受け、対応を迫られています。業界再編をともなう事業のスクラップアンドビルド、経営のスリム化など、シュリンク（収縮）する需要の中で、生き残る術を模索しています。

そのような中で、最大の固定費である人件費にもメスが入ります。社員数をスリム化するために、アウトソーシングやＡＩ導入が進められるでしょう。事実、私のクライアントである金融機関の事務部門では、ＡＩ導入で２００人いた部署が丸ごとなくなった、ということが起こっています。

企業は、人員をスリム化する過程で「必要な人材」と「そうでない人」を選別します。その中で、私たちは、必要な人材、企業から求められる人材でい続けなければいけません。

ただ、ここで注意しなくてはならないことがあります。「求められる人材像は、コロナ前と後では変わっている」のです。いままでの延長線上で考え、行動していては、ズレていくばかり。そして、求められる人材像が変われば、評価基準も変わります。

本書では、あなたが、コロナ後の新しい評価基準は何かを知り、必要な人材として残っていくだけでなく、さらに評価を上げていくために何をすればよいのかを解説します。

私は公開セミナーや企業内研修の講師をしています。マネジメントやビジネスコミュニケーションをテーマに、これまで4万人以上の方々をご指導してきました。その中で、上司の立場、部下の立場、それぞれの、リアルな悩みを聞き、アドバイスしてきました。

また、講師という仕事をする中で、企業経営者、人事部門の管理職と話をする機会も多く、現場のナマの声が入ってきます。

そんな私も、かつては、企業に勤める会社員として、部下の立場、上司の立場、そして、テレワーク、非対面のビジネススタイルの経験もしています。その後、独立して、システム業を始め、テレワーカーをマネジメントしてきました。

このような私の経験を、いまほど活かせると思ったことはありません。

本書では、コロナショック以降（以下「コロナ後」と表記）のビジネスフィールドで、経営層・上司層・部下層それぞれの悩みを受け止める中で明らかになった、〝新しい評価基準〟を、ポイントとなる4つのテーマ「目標管理」「報連相」「時間管理」「チームワーク」という大枠で提示します。そして、それに応えていくための具体的な方法を示します。

また、各章の終わりには、職種別の新基準を提示します。職種別にどう変わっていくかを挙げるだけでなく、他の職種の方にどのような影響が出るのかも示しますので、異なる職種の皆さんも一読していただくと参考になるでしょう。

本書を活用し、コロナ後の環境変化に適応するだけでなく、変化をレベルアップのチャンスにしていきましょう。

／濱田　秀彦／

目次

第1章 「コロナ後」を生き残る「目標管理」の新基準

第2章 上司・同僚を動かす「報連相」の新基準

第4章 しかけて発揮！「チームワーク」の新基準

序章

「コロナ後」の変化にあなたは対応できているか？

「コロナ後」の働き方は何が変わってきているか？

私たちの身近なところで起こった変化は「テレワーク」「非対面型ビジネス」といったもの。それは、個々のビジネスパーソンの働き方だけでなく、企業やマネジメントにも大きな地殻変動を起こしています。

まず、**人事評価が変わりつつあります。**これまでは、成果だけでなく、どういう行動をしたか、チームにどう貢献したかといったプロセスも、一定の比率で評価の対象にするのが主でした。特に間接部門など、業績評価がしにくい仕事については、ソフトな目標管理とプロセスで評価がなされていました。

しかし、チームメンバーが管理職の目の届かないところで仕事をするようになると、プロセス評価自体がしにくくなるため、ハードな目標管理をもとにした、業績評価が主になっていきます。

必然的に、マネジメントは、**「仕事ありき」の欧米型、ジョブ型スタイルにシフトしていく**ことになります。

　これまで、社員は、目の前の仕事に対して頑張って取り組み、汗をかいていれば、それなりの評価を得られましたが、今後は**「個々の仕事を請け負い、その成果で評価される、社内個人事業主化」**していくということ。そのスタイルの中核となるのが「目標管理」です。

　マネジメントにおける**「報連相」の位置づけも変わります。**管理職は、自身のチーム目標の業績評価がハードになる上に、部下の進捗がどうなっているか、把握が難しくなってきています。でも「期末が近くなって、気づいたら未達が確定的」といった状況はなんとしても避けたく、早く状況をつかんで手を打ちたい。そのためには、部下が報連相をしてくれることが管理職にとって命綱になる。これまでとは比べものにならないほど**報連相の重要性が増し、結果的に、評価に占める比重が大きくなります。**

　企業が、社員を成果で評価するようになると、**社員の労務管理も変わります。**これまでは、「労働時間」が管理の中心でしたが、ジョブ型の導入とともに裁量労働制のような方向にシフトしていくことが考えられます。社員は、時間の使い方に裁量が与えられる分、**自分自身で成果をあげるための時間の使い方を考え、実践する**ことを求められるようになります。一方で、企業はブラックと言われることを避けたい。そのため、短い時間で大きな成果をあげることを期待します。社員の側も長時間働きたいとは思っておらず、生産性の向上は、企業、社員の双方が望むことになるわけです。このようなことから、今後は「時間管理」が重要なテーマとなっていきます。

そして、**いま多くの職場でチームという意識が希薄になってきています。**メンバーは個々に動き、チームが単に集計の単位でしかなくなってしまっている職場も少なからず。このままでは、個人の力を超えた新しいプロジェクトが生まれにくく、次世代のリーダー作り、若手の育成が進みません。しかし、この状況に対し、管理職もどうしてよいかわからないというのが現状です。

だからこそ、「チームへの貢献」は光ります。個々のメンバーの連携を促し、個人の力を超えた新しいプロジェクトを生み出し、後輩指導のスキルを上げ、次世代のリーダーになれるような経験を積む。そんな行動は高く評価されます。

ここに挙げたことは、管理職からだけでなく、会社からも社員に求められること。コロナ後の働き方は、「いかにその期待に応え、上回っていけるか」が勝負になります。

「コロナ後」に求められる人材とは？

最初に、コロナ後に求められる人材のモデルケースを見てみましょう。

中堅の化学メーカーに勤務する佐藤　亮さん（仮名）32歳

コロナ前

法人営業を担当し、現在の立場は主任。同期入社の中には、既に課長代理になった者もいる。営業成績は標準レベル。上司から真面目さは認められているものの、「積極性が足りない」「クイックレスポンスを」「もっと簡潔に話すように」「後輩の面倒も見るように」と言われており、全体的に、あまり評価されていない状況。雑談などの対面コミュニケーションが苦手なことも、印象を弱くしている。

コロナ後

顧客の要請で、早い段階からオンライン商談を経験。苦手な雑談の必要性が低いオンライン商談がフィットし、コンタクト件数を伸ばす。その結果、ベテラン営業マン達の活動が低調になっているのを尻目に、チームの中で、ただ一人短期の目標を達成。

上司への報連相も、対面で即答しなくてはならないプレッシャーから解放され、落ち着いて実践できている。

時間管理に関しては、もともと真面目さは認められていたため、上司もある程度任せてくれるようになり、これまで「こうしたほうがよいのでは」と思っていた時間の使い方を実践できるようになった。

また、後輩が困っている様子をメッセンジャーで見つけると、ひとことアドバイスを送ることが習慣になり、その内容が上司から的確だとほめられた。

佐藤さん自身は、いままでと、さほど行動を変えているわけではないのに、評価が上がってきていることを、不思議に感じている。

次の人事考課で、**彼の評価は確実に上がるでしょう。**彼にとって、環境変化は追い風になっています。彼は、そのチャンスを活かせたのですが、彼自身は「何がプラスになったのか」を正確に把握できていません。

しかし、彼の状況を読み解くと前出の4点、**「目標管理」「報連相」「時間管理」「チームワーク」**のすべてにおいて、効果的な行動ができていることがわかります。

コロナ後、評価をあげてこられなかった人も、この4点を押さえれば、モデルケースのようになれるということ。さらに、意図して、よりレベルの高い行動を起こせば、もっと高い評価も得られるわけです。

コロナ後、求められる人材を整理すると

- ☑ **目標管理がきちんとできる人**
- ☑ **優れた報連相ができる人**
- ☑ **時間管理をはじめとしたセルフコントロールができる人**
- ☑ **難しくなるチームワークにおいてチームに貢献できる人**

となります。本書は、あなたがそういう人になっていくためのものです。そして、これが各章のテーマです。**各章では、それぞれの項目について、「新しい評価基準」を示すとともに、どうやってそれに応えていくか、具体策を提示します。**

以下、それぞれの全体像を見ていきましょう。

【目標管理がきちんとできる人】

目標管理の新基準

- ☑ **ソフトな目標管理からハードな目標管理に**
- ☑ **抽象的な目標設定から数値化マストの目標設定に**
- ☑ **成果は見てもらうものからプレゼンするものに**

これまで、目標管理はソフトなものでした。「一応、部下が目標を作るが、上司の指示で上方修正させられ、期の終わりに、結果が人事考課に一部反映される」といった具合で、年に1回~2回行われる行事という位置づけでした。

しかし、コロナ後は、もっと厳格なものになります。「目標には、あげるべき成果を明確に示すことを求められ、期の終わりに報告した成果が人事考課に直結する」というものになっていきます。

この波は、営業など成果を数字で表せる部門だけでなく、間接部門にもやってきます。これまで、抽象的な目標でも許されていた部門の人々にも、目標や成果を数字で表すことが求められるようになるのです。

さらに、目標・成果の前提になる対象業務を自らつかみ取っていくことも必要になってきます。そして、成果は価値が感じられるように伝える。これらの点をふまえ、行動することで、いままで通りの感覚で目標管理に対している人々に大きな差をつけることができます。

第1章では、その具体策を中心に話を進めます。

【優れた報連相ができる人】

報連相の新基準

- ☑ **報告は義務からサービスに**
- ☑ **連絡は事実の共有から情報で人を動かすものに**
- ☑ **答えを求める相談から答えをこちらが用意する相談に**

「報連相」この言葉が嫌い、というビジネスパーソンは少なからずいます。仕事以外に発生する面倒な上司対応。そんなイメージを持っていたとしても、それを責めるつもりはありません。

ただ、アフターコロナの上司にとって、報連相はマネジメントの命綱になっています。チームの成果について進捗を把握し、手を打つために、部下からの報連相は必須だからです。

そのため、これまでとは格段に要求水準は上がっています。以前の感覚で実践していたら「物足りない」と思われてしまう可能性が大です。逆に、その変化を認識し、報連相のレベルを上げていけば、評価が上がります。実は、報連相にこそ、簡単に評価を上げる逆転のチャンスがあるのです。

この報連相をとりまく環境は変化しつつあり、それにともない報連相のプレイヤーである私たちも、意識を変えることが求められています。例えば、コロナ後、社員は、個々の仕事を請け負う社内個人事業主化していくことが考えられます。個人事業主にとって、仕事の発注者＝クライアントです。そう考えると、仕事の発注者である上司に対する報告は、クライアントに対して行うサービスだという意識が求められます。

また、お互い離れて仕事をする環境で、連絡は単に事実情報を共有するものから、情報で自律的に人を動かすツールになっていきます。

相談も、上司との接点が減る中、雑談の延長でできるようなものではなくなり、しかけて、求める結果を得るためのアクションに変わります。それは、例えば相談する際、「こうしようと思うのですがどうでしょう」ともちかけるようなことです。これでもプラスにはなりますが、2つ（以上）の解決策を選択肢として提示し「どちらでいきましょうか」ともちかければ、さらに評価は上がります。

そして、報連相をするためのツール選びのセンスも必要です。文章表現力も上げていかなくてはなりません。

第2章では、これらのことを、どう進めていけばいいか提示します。

【時間管理をはじめとしたセルフコントロールができる人】

時間管理の新基準

- ☑ **他者との仕事を優先するスタイルから自分一人でする仕事を優先するスタイルに**
- ☑ **納期は間に合わせるものから前倒しするものへ**
- ☑ **職場の動きにあわせたルーティーンからプライムタイム中心のルーティーンへ**

コロナ後の時間管理で最も重要なことは、短時間に大きな成果をあげることです。長時間働いても、多くの汗を流しても、評価されません。成果の見える仕事に優先的に時間を投入し、さらに投入した時間に対するアウトプットを最大化することが求められます。

いま、どのように時間を使うか、私たちは問われています。何を優先すべきか、納期をどうとらえるか、自分の1日をどう使うか。そして、上司も、私たちの時間の使い方を気にしています。「サボっているのではないか」「働きすぎていないか」こう考え、心配し、いろいろ干渉してくるかもしれません。

第3章では、コロナ後の環境で、ベストな時間の使い方を作り上げるとともに、上司に安心感を与え、快適な仕事環境を作る方策を考えます。

【難しくなるチームワークにおいてチームに貢献できる人】

チームワークの新基準

- ☑ **チームリーダーの意図は受け取るものから取りに行くものに**
- ☑ **フォロワーシップ、後輩指導の舞台は対面からメッセンジャーに**
- ☑ **リーダーシップの源泉はパワーからファシリテーションへ**

メンバーが個々に動き、チームという意識が希薄になる状況で、チームワークに貢献するアクションは光ります。リーダーの意図を把握しながら、メンバーを巻き込むことで大きな成果をあげ、その過程で、メンバー間の連携を促すことができれば、高く評価されるでしょう。

また、変化した環境下で後輩指導に関わり、次世代のリーダーに名乗りを上げるということも課題になります。そのためには、コロナ後のリーダーシップのベストスタイルを知り、そこに向けて、どうすればよいかについて認識しておく必要があります。

それぞれについて、具体的なアクションはどうすればよいか、第4章で解説します。

「コロナ後」に求められるスキルは？

求められる人材像が変わっていけば、求められるスキルも変化します。ここでは、これまで求められていたスキルと今後求められるスキルの比較をしてみます。

ビジネススキルは、大きく4つに分けられます。(**図1**)

これは、ロバート・カッツのモデルをもとに、日本において重視される「人間力」をプラスしたもので、人材評価の基準や、教育体系のグランドデザインに活用されているものです。4つのスキルの概要を示すと、コンセプチュアルスキルとは、考える力。単純に言うと、パソコンに向かい一人黙々と発揮する力です。ヒューマンスキルはコミュニケーションに関するもので人に向かって発揮します。テクニカルスキルは業務を遂行するために必要な力で詳細は職種により異なります。そして、人間力は個人特性、マインド系のものを指しています。

それぞれの分野で、これまで主として求められてい

図1　スキルの枠組み

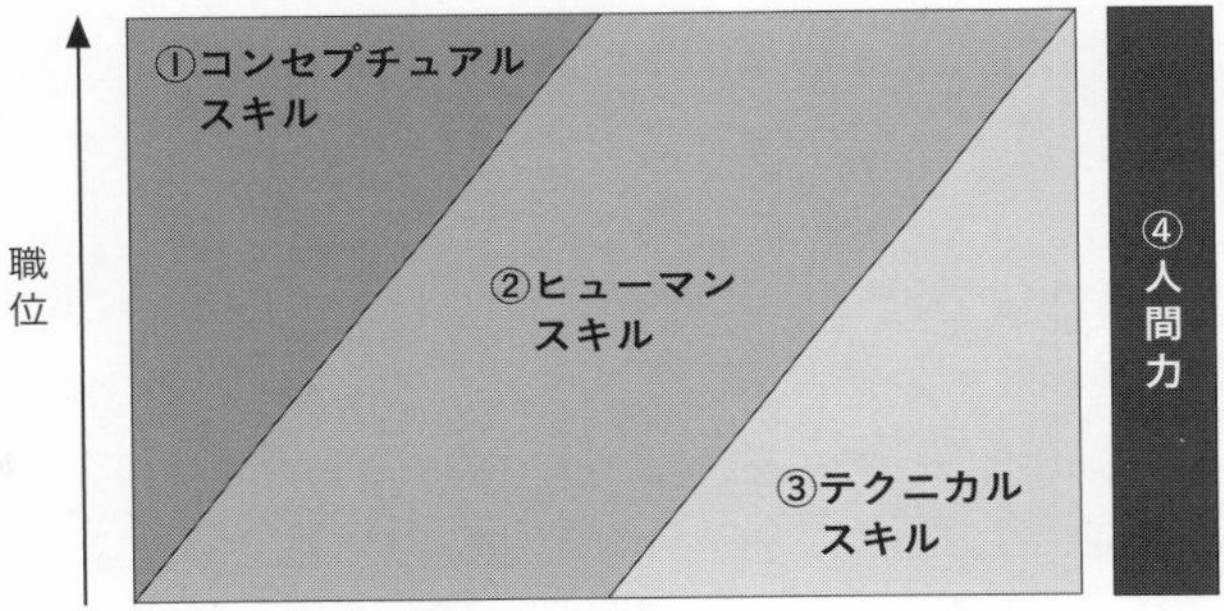

たもの、これから重要度が増すものを挙げます。（**図2**）

①コンセプチュアルスキル

これまでは、与えられた仕事をこなす上で必要な「理解力」「問題解決力」といった能力が主でした。これからの社員は、社内個人事業主として、成果をあげることを求められるので、自ら成果に結びつく仕事を作り出していける「創造力」「企画力」といった能力が、より強く求められます。また、メールやメッセンジャーなど、文章によって仕事が動く場面が増えると、簡潔で論理性の高い文章を書ける「文章表現力」が重要になってきます。

②ヒューマンスキル

これまでは、対面コミュニケーション力の高い人が

図2　重要スキルの変化

	これまで	これから
①コンセプチュアルスキル（考える力）	理解力 問題解決力	創造力・企画力 文章表現力
②ヒューマンスキル（コミュニケーション力）	対面コミュニケーション 牽引型リーダーシップ	非対面コミュニケーション ファシリテーションスキル
③テクニカルスキル（業務遂行能力）	業務知識・技術 パソコンスキル	専門知識・技術 各種ツール活用
④人間力（個人特性）	活力 気力・体力	目標達成意欲、思いやり セルフマネジメント

有利でした。しかし、今後は非対面のコミュニケーションが増えるため、対面コミュニケーションを苦手にしていた人々も評価をアップできるチャンスが生まれます。また、これまでは人間的なパワーでメンバーを強く引っ張っていく「牽引力」が求められましたが、個々のメンバーの結びつきが希薄になりやすい状況下では、参画を促す「ファシリテーションスキル」が求められるようになります。

③テクニカルスキル

これまでは、所属する会社、部署にマッチした「業務知識・技術」が求められましたが、これからは、他社でも活用できるような「専門知識・技術」が求められます。社員が個人事業主化していくと、ライバルは社員ではなく社外の専門スタッフになります。

また、総務、経理、情報システムなどの業務がシェアードサービス（複数企業で総務、経理、情報システムなどの機能を共有すること）を利用したアウトソーシングに向かい、間接部門もクリエイティブな仕事を求められるようになるため、狭い範囲の業務知識ではなく幅広い専門知識が求められるようになります。

加えて、これまではオフィスソフトを使いこなせる、ネットワークの知識があるといった

「パソコンスキル」が重要でしたが、これからは、それだけではなくZoom、Teams、slackといった「様々なツールを幅広く、効果的に活用できる」ことも求められてきます。

④人間力

これまでは、「活力（バイタリティー）」があり、声の大きい人が有利でしたが、これからは離れて働く相手を「思いやり」、信頼し、任せるような人間性が求められます。また、目標達成が大きなミッションとなってきますので、目立たなくても、粘り強く目標に向けた、行動を続けられることが必要になります。

さらに、営業マンなど、全国を飛び回るといった活動スタイルが、オンライン商談に置き換わっていく中で、体力的なものは重要度が下がります。その一方で、会社に行かず、一人で仕事を進めることが増えるため、セルフマネジメントがより重要になっていきます。

従来、求められていたスキルが不要になるわけではありませんが、コロナ後は求められる重要スキルがシフトしていきます。これらをどうやって伸ばしていくか、については各章の中で解説します。

では、次章から**「目標管理」「報連相」「時間管理」「チームワーク」**の順で、コロナ後の新基準を、どうやって満たし、上回っていくか、という観点で話を進めます。

第1章

「コロナ後」を生き残る「**目標管理**」の新基準

目標管理をめぐる“つぶやき”

“成果をあげた社員に多くの報酬を出すのはあたりまえのことだ。ようやく我が社もそれが実現できそうになってきた。”

〈社長〉

〈人事部長〉

“いま、評価制度の改訂を進めているところです。部下の行動が見えない状態を前提に、組み直さなくてはなりません。

社長からは業績重視と総人件費の抑制を強く言われていて、頭が痛いですよ。”

“こんな環境でも、チーム目標は高い水準を上から求められています。どうやって成果をあげていけばよいのか。それに、離れて働く部下を評価するのは本当に難しいものです。情報が少ないですから、評価はどの項目も「普通」ばかりです。部下が印象に残るようなことをしてくれれば、つけようもあるのですが……。”

〈上司〉

〈部下〉

“いったい上司は何を見て人事考課をしているのか不安です。評価制度が成果重視に変わるという噂も聞いていますが、内容はよくわかりません。今後、どうなっていくのでしょうか……。”

ハードに変わる目標管理に対応する

これからの企業は、仕事ありきのジョブ型雇用に向かい、業績評価の比重を高め、ハードな目標管理を人事施策の中心に置くことになります。目標の達成度が評価にダイレクトに反映されるようになるため、これまでの感覚で目標を作っていると、自分が作った目標が承認されない、期末の人事考課の結果で愕然とする、ということにもなりかねません。ではどうすればよいか、を考えていきましょう。

目標は、通常3つ程度作ることになります。その3つを

- ☑ 1つめの目標　チーム業績にダイレクトにつながるメイン業務に関するもの
- ☑ 2つめの目標　いままでやっていなかった新たなこと
- ☑ 3つめの目標　自分がやってみたいと思うこと

というものにします。

「チーム業績にダイレクトにつながるメイン業務に関するもの」については、営業ならば「売上額」、製造ならば「コストダウン」といったような城の「本丸」的なものにします。

これは、そうせざるを得ないものです。私たちには組織の一員として、期待される役割があります。それに応えなければ「自分の役割をわかっていない」というように見られてしまいます。最初の目標は、組織の上層部の目に真っ先にとまるもの。必然的に、**メイン業務直結の目標を作る**ことになります。

問題は、それだけではモチベーションのタネにならないということです。当然ハードルは高くなりますので、自身のモチベーションなしでは達成できません。

例えば、営業マンが「売上高5億円」という目標を設定したとします。組織的にはOKな目標であったとしても、自分自身にとってその数字に意味はありません。モチベーションにはつながらないわけです。

だから、**その数字に意味づけをします。**例えば、その数字を実現すれば「同期社員の中でトップになれる」「主任クラスでは誰も成し遂げたことがない金額になる」といったことです。そうすることで、数字に意味が生まれ、それがモチベーションにつながります。

2つめの目標の切り口は、「いままでやっていなかった新たなこと」です。なぜこれが大切かというと、**新しい取り組みは「しかける仕事ぶり」を感じさせる**からです。

私のセミナーに参加してくれた人からこんな話を聞きました。彼女は、家庭用品の販売店チェーンを経営する会社のスーパーバイザーです。3店舗を束ねる統括店長といった役割で、コロナ禍のステイホーム期間中、時間があったため、おすすめ商品の使用法を、自ら動画で撮影し、アプリで編集し、YouTubeにアップしてみたそうです。

彼女は、これらすべてを一人でやりました。

動画編集は初めてだったそうですが、「面白かった」と言っていました。もちろん、事前に会社の了解をとって実施したことです。

そのアクションは、まず社内で評判になりました。そして、一般にも反響があり、会社は本格的に動画活用に乗り出すことになりました。

このような新しい取り組みを、目標の中に入れよう、ということです。新しいことは、自分自身のモチベーションも上げやすく、「チャレンジすること自体に価値が認められるため、達成水準をさほどハイレベルに設定しなくても承認される」というメリットもあります。

そして、３つめの目標は「自分がやってみたいと思うこと」を設定します。

自分がやってみたいことだけを3つ並べたら「自分勝手な目標」と思われてしまいますが、**2つめの目標までメイン業務につながるものが並んでいれば、3つめはメイン業務から少々離れていても許されます。**

そこには、思い切り自分の好きなこと、やりたいこと、自分のモチベーションが上がることを入れてよいのです。上司も、「３つめの目標は、よくわからないけど、ひとつぐらい本人がやりたいということが入っていてもいいか」と考えます。

目標管理は、本来「やりがいを感じる目標を自ら設定し、その目標の達成に向けて活動する」ことで、自身はやりがいを感じられ、会社には成果で応えられるという、win-winの状況を実現するものです。実際には、そのように運用されていないことが多いのですが、３つめの目標に関しては、純粋な目標管理の考え方で設定しましょう。

３つめの目標が承認されれば、メイン業務から少々離れたことであっても、堂々と時間を使って取り組むことができるようになります。

最近、旅行代理店の中堅社員の方から次のような話を聞きました。彼の仕事は、高校や大学の部活・サークルの合宿のコーディネートがメインで、コロナ禍が直撃し、大半の予定がキャンセルされました。そんな中で、どんな目標を作ればよいか悩み、私に相談に来ました。話をしていると、彼はeスポーツに興味があるということでした。私が彼に進言したのは、自分のビジネスとeスポーツを少々強引にでも結びつけ、3つめの目標に滑り込ませることです。そうすれば、仕事時間中にeスポーツのイベントに参加しても文句は言われません。それに、そこから成果が生まれれば、目標達成、会社の新しいビジネス作りにも貢献できます。

そんなやりとりを続けていたら、彼の表情が明るくなっていきました。このように、3つめの目標を自分の好きなこと、興味があることに関連させ「密造酒作り」の感覚で設定してみると仕事を面白くできます。

こういった考え方で、3つの目標を作ることで、会社・上司の期待に応えつつ、自分自身のやりがいが作り出せます。

成果指標はウォントからマストへ

目標設定に関しては、もうひとつ重要なことがあります。それは、目標の「表現」です。**目標は数値化がマスト、中でも金額換算がポイント**になってきます。ジョブ型雇用になると、目標管理は厳格に運用されます。目標も評価しやすいことが求められ、成果の指標にならない表現では、目標が承認されなくなる、ということが起こってきます。

その場合、特に困るのが間接部門の人々です。売上、利益のような指標で目標が数値化できる営業部門なら数値化しやすいのですが、間接部門は同様にはいきません。そのため、これまでは「なるべく数値化する」というウォントレベルで、やや抽象的な目標でも承認されてきました。

しかし、ジョブ型雇用の波が、間接部門にも押し寄せます。目標も成果を測定しやすいものでなければ承認されなくなり、成果が数値化しにくいような間接業務は、シェアードサービスを利用したアウトソーシングに向かうことになります。

「私の仕事の成果は数値化しにくい」と言ってはいられない状況がくるわけです。このように、目標設定が数値化マストになる中で、どうすれば自分の仕事の成果をうまく数値化できるか考えてみましょう。

数値化の切り口でベストなのは金額換算です。この点について、営業部門など数値化しやすい仕事ならばあまり苦労しないと思います。一方で、そうではない仕事、特に間接部門などは、いきなり成果を金額で表現するのは難しいでしょう。

そのため、まずは成果の切り口を考えます。それが、次の5つです。

Q｜Quality（品質）
C｜Cost（コスト）
D｜Delivery（納期）
S｜Sales（売上）
P｜Profit（利益）

これらは、すべて数値表現できます。例えば、**Q　Quality（品質）**ならば、製品の不良率、各種予測の精度、**C　Cost（コスト）**ならば経費、原価削減の金額、あるいは削減率、**D　Delivery（納期）**ならば短縮日数、時間、あるいは削減率、**S　Sales（売上）**と**P　Profit（利益）**ならば金額、アップ率といったところです。

この中で、単純に「金額換算」できないのは、Q（品質）とD（納期）です。そこで、表現を工夫します。

例えば、Q（品質）に関して、ある製品の不良が月に10個出ているとします。これを8割削減するのが目標だとしましょう。不良が出ることで発生している月間費用を挙げると以下の通りです。

・返品、交換に関わる梱包、配送費	3万円
・不良品の製造原価	20万円
・不良品の廃棄費用	2万円
・担当者の対応に関わる経費	10万円
合計	35万円

これを年間に直すと35万円×12カ月＝420万円です。

もともとの目標　「不良率の8割削減」
金額換算した目標　「不良の8割削減による年間利益300万円の改善」
（420万円×0・8＝336万円）

どちらが目標としてインパクトがあるように見えますか？　やるのは同じことです。
次にD（納期）に関して、ある事務作業を工夫して半分の時間でできるようにするのが目標だとしましょう。いま月間でかけている時間を挙げると以下の通りです。

・作業人員2名
・一人あたり作業時間（月間60時間）
のべ120時間（月間）、年間で1440時間

ここから金額換算します。社員の平均年収が500万円だとすると、人件費総額はそれよ

り多くなります。通常、1・5倍〜2倍かかると言われていますが、ここは控えめに1・5倍にしましょう。そうすると750万円となります。年間総労働時間を2085時間（週40時間換算）とすると、時給は約3600円。

年間1440時間かかっている仕事を半分の時間でやれるようにすれば、720時間が浮きます。720時間×3600円＝259万2000円となり250万円（以上）のコストダウンです。

もともとの目標　「特定事務作業の時間を50％削減」
金額換算した目標　「特定事務作業の時間を50％削減し年間250万円のコストダウン」

どちらが目標としてインパクトがあるように見えますか？　やるのは同じことです。
「そんな計算は面倒だ」と思うかもしれませんが、**「成果を数値に表しにくい仕事をしているからこそ、目標の表現は工夫する」必要がある**のです。目標が価値あるものと思われなければ、高い評価も得られません。やるのは同じことならば、価値ある目標、成し遂げたら大きな成果と思ってもらわなくてはならないのです。

特に、上司と部下が離れて仕事をするようになると、上司に行動を見てもらい、評価してもらうことができません。価値ある目標、きちんとした成果報告こそが、半期、あるいは年間の評価に大きく影響します。ここは力を入れて取り組みましょう。

自分の仕事のＫＰＩを意識する

成果を数値で表すための、もうひとつのキーワードがＫＰＩです。これは、Key Performance Indicator の略で、最終的な目標達成のカギ（Key）になる成果（Performance）の指標（Indicator）を表します。ＷＥＢマーケティングなどの仕事に携わっている方は、よく知っている用語だと思いますが、これが様々な職種に広がり使われていくことが考えられます。

例えば、ネットショップで売上を対前年比１５０％にアップさせるという最終目標があったとします。そのためには、１日あたりのユニークユーザーを増やす、サイトを閲覧したユーザーの購入率を高める、購入者一人あたりの購入金額を増やす、といったことが必要になります。

それぞれは、数値目標にできますので「1日あたりのユニークユーザー数の平均を1000人にする」「商品購入率を3%にする」「一人あたりの購入金額の平均を5000円にする」といったKPIが設定できるわけです。

これは、**最終目標に向け、「そのために何をするか」という手段に目標値をつけていくという考え方**で、実際の行動は「ユニークユーザー数のアップのために、流入経路を増やす」というようにさらに具体的になり、その成果は数値で確認できます。

これを営業マンにあてはめると、最終的な売上目標に到達するためには、「提案件数を増やし」「提案金額を上げ」「提案決定率を上げる」ということになり、こちらも数値目標にできますし、そのために何をすればよいかという具体策につなげることができます。

なぜ、KPIが重視されるようになるかというと、離れた場所にいる上司は、KPIで部下の活動が把握しやすくなるからです。日報の文章などの定性情報は、書き手の文章スキルによっては状況把握がしにくくなりますし、たとえ適切な文章であっても、読み取って状況を把握するには手間と時間がかかります。それに比べ、KPIを追っていくのは楽です。書き手のスキルは影響しませんし、パッと見て状況がわかります。

さらに、どのようなKPIを設定しているかを見れば、部下がゴールになる目標に対し、どうやって達成していこうとしているのか、という戦略が見えます。

そういったことから、上司と部下が離れて働く環境では、KPIが重視されるようになります。これは、部下にとっても「報告が簡略化できる」というメリットにつながります。長文の報告を書かなくても、KPIを中心に簡潔な報告を記述すれば上司は満足するからです。

問題は、**自分の仕事のKPIをどう見つけるか**ということです。最もシンプルな考え方は、最終的にあげたい成果を計算式に分解していくということです。

例えば営業の場合、先ほどの提案件数を軸にしたものだと

売上額＝提案件数 × 1件あたりの提案金額 ×決定率

という式にもできますし、

売上額＝単価 ×数量

という式にもできます。

あるいは、

売上額＝新規顧客売上 ＋ 既存顧客売上

というように分解することもでき、これらの中から自分の感覚に合うものを使えばよいわけです。

この考え方は「最終的な成果のゴールはチーム全体で設定し、役割分担をしている」といった体制にも活用できます。例えば、ショッピングサイトを運営するチームの最終的な成果のゴールが売上だったとします。自分は、サイトを訪れる人を増やすことが役割だったら、自分の業績目標は、チーム目標のKPIである「1日のユニークユーザー数の平均を1000件にする」というものにすれば、チーム業績直結の個人目標ができるということです。

このように、チーム、あるいは個人の最終成果が数値で表せる定量的なものだとKPIの設定はしやすいのですが、問題は、チームや個人の目標が数値で表せない定性的なものの場合です。

ゴール自体が数値化されていない状況でも、手段をKPI化することはできます。例えば「コールセンターの顧客満足度向上」という定性的な目標に関し、応対において「保留して調べる時間の合計を1件あたり合計30秒以内にする」といった具合です。ただ、それならば、最初から顧客満足度というゴールを、顧客アンケートなどを活用し、数値指標にしたほうがすっきりします。

コロナ後は、**どの職種でも成果の数値化が進み、数値化できない仕事はアウトソーシングに向かう**という方向が考えられます。そのようなことから、個々の業務のKPI設定がしやすくなり、KPIを目標に入れていくという考え方は、より一般的になってくるでしょう。そうなることを前提に、いまから自分の仕事のKPIを意識しましょう。

ゲームがはじまる前にルール確認を

「離れて働く部下をどうやって評価すればよいのか」。これは、在宅勤務がはじまった当初から上司の大きな悩みのひとつになっており、未だに解決していません。日常的に部下の言動を見ることができないため、何を材料に評価をすればよいのか悩み、結果的に、以前の評価点とさほど変わらない点数をつける、ということが多くなっています。

しかし、この傾向は徐々に変わっていきます。**評価制度の基準そのものが目標管理、業績評価中心にシフトしていき、言動よりも成果で評価**されるようになるからです。

そうなると、評価制度全体の中で、プロセス評価の占める割合は低くなっていきます。ただ、ゼロになることはないため、社員の立場としては、プロセス評価も視野にいれておかなければなりません。そこで、この項ではプロセス評価について、考えます。

プロセス評価については、**個々の項目に関して、期のはじまる前に「何をして、どう知らせれば評価してもらえるのか」という点を確認しておく**必要があります。業績など、数値で表せるようなものとは違い、評価基準があいまいになりやすいからです。

また、コロナ後は、プロセス評価において、**自分のした行動を「どう知らせるか」ということもポイント**になってきます。

これまでは、上司がそばで見ていましたから「どう知らせるか」まで考える必要はなかったのですが、コロナ後は上司がそばにいないことが多く、見られていないことは、知らせないと「やっていないこと」になってしまいます。

「どのような行動をして」「どう知らせれば」評価されるのか、それは、いまからはじまるゲームのルールを知ることです。ゲームが終わった後に「こういうルールだった」と知らされる「後出しじゃんけん」をされては、勝てるわけがありません。遠慮せず、上司に聞いてください。

では、具体的にどのようにすればよいか、見ていきましょう。

例えば、プロセス評価項目の中に「後輩指導」という項目があったとします。評価の点がSABCDの5段階だとします。それに関し、「この項目でAがつくのは、どういう行動が見られた場合でしょうか?」と聞いてみましょう。「後輩の○○君に、君の得意な業務改善提案の作り方を教えてあげるとか」という答えが返ってきたら、しっかり把握できたことになります。

ただ、上司と部下が離れて仕事をする環境下だと、それだけでは足りません。教えている姿を上司は見ることができないからです。続けて「それはどうやってお知らせすればよいのですか」と聞いてみて「指導履歴みたいなものを出してもらえれば」と答えが返ってきたら完璧です。このあたりのやりとりは、チェスのようなもの。あとは、その通り実践すれば上司はAをつけざるを得ない。チェックメイトです。

もちろん、読者の皆さんは評価を得るために仕事をしているわけではないと思います。ただ、期末に評価のフィードバックを受ける際、B評価がついていたら、そこから評価を変えることはできません。そこで、不満に思うぐらいなら、最初に聞いておいた方が自分のためということ。日々顔をあわせる環境ではないからこそ、このように上司に確認しておく（握っておく）ことは、重要なのです。

進捗面談はセレモニーから評価の場に

目標を決め、新しい期の活動がはじまると、次に待っているのは、上司との進捗面談です。新しい期の活動がはじまって半分たった頃、企業では管理職に「部下との進捗面談」を義務づけていることが多く、そこで目標の進捗度合いを確認しあうことになります。

これまで、管理職にとって、進捗面談はやらなければならないものでした。人事部門から指導用のシートが配られ、面談結果を記入し、会社に提出するというセレモニー（儀式）的なもので、実際の指導は日常的に口頭でなされていました。しかし、日常的に口頭で指導する機会が減る中で、**これからの進捗面談は、部下に目標を達成させるための重要な機会として、位置づけが上がってきます。**

その進捗面談では主に次の3つのことが話し合われます。

①進捗状況の確認
②目標達成に向けた課題の確認
③課題解決の方策の確認

上司が知りたいことはこの3つ。事前にわかっているのですから、しっかり準備して進捗面談を迎えましょう。なぜなら、ここでの上司との会話は、評価に影響するからです。日常的な接点が減ってくると、評価の材料が少なくなることから、こういった話し合いの場面で、何を話したかが、大きく影響してきます。

例えば、部下が進捗状況を説明する場面は、能力評価の「説明力」といった項目に影響が出ますし、「課題をどう解決していくか」に関する発言は「問題解決力」に影響が出ます。

このようなことから、進捗面談には、しっかり準備して臨む必要があるのです。

では、どんな準備が必要か。それは**「データ」と「トークシナリオ」の2つ**です。例を見てみましょう。次の例は営業マンが上司と進捗面談をしているシーンです。

［悪い例］

上司「では、目標の2つめ『新製品の販売1億円』の進捗は？」

部下「それにつきましては、東西産業さんでは受注できていまして、南北商会さんでも、いけるのではないかという手応えがありまして、そのほか、いま営業中なのがＡＢＣシステムさんなど、いろいろとアプローチをかけています」

上司「で、目標達成に向けた課題はどう認識しているの？」

部下「下期に向けてピッチを上げて、販売しないといけないと思っています」

上司「そのための方策は？」

部下「頑張るしかないと思っています」

上司は内心「ダメだ、こりゃ」と思うでしょう。そうなると、この営業マンのやり方にかなり干渉してくるようになってきます。指示も増え、報告も細かく求めるようになり、営業マンにとって、やりにくい状況になります。

では、改善例を見てみましょう。

【良い例】

上司「では、目標の2つめ『新製品の販売1億円』の進捗は？」

部下「ひとことで申しますと、40％の進捗と捉えております。受注済みが2千万円。内諾を得ている商談が2千万円あり合計4千万円までは見えています」

上司「で、目標達成に向けた課題はどう認識しているの？」

部下「課題は早期の新規商談作りです。残りの6千万円に関し、現在仕掛かり中の商談から3千万円をあげる想定をしています。となると、残り3千万円分を受注するための商談をいまから作る必要があります」

上司「そのための方策は？」

部下「オンラインミニ展示会を今月中に実施します。展示会がなくなった分、それで商談を作りたいと考えています」

こういう会話をする部下ならば、上司は信用して任せてくれるでしょう。

このように進捗面談で上司が聞きたいのは、**①現状、②課題、③対策の3つ**とわかっています。ならば、その流れに沿ってデータやプランを準備しておけばよいのです。そして、トークシナリオは「結論から」「ひとことで」言えるように準備しておきます。

進捗面談を甘く見てはいけません。そこでの会話で、プロセス評価もされてしまい、上司の干渉が今後の活動の負担になってくる可能性もあるのです。

逆に言えば、きちんと会話できれば評価のアップにもつながり、任せてくれるようになるということ。しっかり準備して臨みましょう。

成果は見てもらうものからプレゼンテーションするものに

期の終わりには、成果報告をすることになります。これまでは、成果報告は形式的なものであることが多く、そういう場はない、という組織もありました。上司は部下を近くで見ていましたし、改めて成果報告をされなくても評価できたということです。

しかし、そうはいかなくなってきています。**「見ていないのだから、言ってもらえないとわからない」**ということです。また、目標管理制度が厳格に運用されるようになると、評価は報酬に直結します。ここでは、しっかりと成果をアピールしましょう。

ただ、ビジネスパーソンの中には「アピールなんてスタンドプレーみたいなことは気が進まない。しっかり仕事をしていれば見てもらえるはず」と考える人もいます。

その気持ちはわかります。ただ、離れて仕事をするようになると「見てもらえなくなる」ことは事実。アピールという言葉が嫌なら、**「成果をきちんとプレゼンし、理解してもらう」**という考えで、力を入れて取り組みましょう。

成果報告のポイントは、次の3点です。

①成果を数字で話す
②やったことを話す
③その中で工夫したことを話す

例を見てみましょう。

【悪い例】

上司「では、目標の2つめ『新製品の販売1億円』について振り返って」
部下「おかげさまで達成できました。ラッキーもありましたが、自分なりに頑張ったと思います」

達成したので、評価は悪くないでしょう。しかし、これではもったいない。

【良い例】
上司「では、目標の2つめ『新製品の販売1億円』について振り返って」
部下「目標を上回る1億1千万円の受注をあげることができました。下期のはじめに実施したオンラインミニ展示会がポイントでした。年度内にリースが切れる顧客を優先して集客したことが効果的でした」

こう報告すれば、プロセス評価にもプラスの影響が出ます。

特にポイントになるのが「工夫したこと」です。 なぜかと言うと、それが「単なるラッキーではない」ことの証明になり、再現性を期待させるからです。

「再現性の期待」とは、次に似たような場面があれば、同様に工夫して問題を解決できると期待することです。そう考えれば、新しいチャンスを与える気持ちにもなります。成果報告は、単に評価を得るためのものではなく、新しいチャンスを得る場でもあるのです。

コロナ後は、新しいチャンスをもらうことが難しくなってきます（詳細は後述）。だからこそ、こういった機会にチャンスの芽を作っておく必要があります。

ここで、達成できなかった時のことも考えておきましょう。

ビジネス環境によっては、最大限の努力、工夫をしても達成できないということもでてきます。特に、コロナ後、業種によっては長期に渡り、停滞が続くこともあり、今後そういったケースは増えるでしょう。

ただ、達成できなくても、成果報告はしなくてはなりません。その場合のポイントは

①詫び
②原因（あくまで自分に原因があるという言い方）

です。では、達成できなかった時のトーク例を見てみましょう。

【悪い例】

上司「では、目標の３つめ『売上利益率の５％改善』について振り返って」

部下「これは、もうコロナで世の中がこうなりまして、売れるものを売るしかなかったということが原因でして」

上司「自分としてはどうなの？」

部下「それは……」

結果が悪かった時、原因を環境のせいにすると、いかにそれが正当なものであったとしても「他責」という印象を与えてしまいます。たとえ、それがいままで経験したことのないような環境の悪化であっても、です。原因の説明で「コロナ」という言葉を使っただけで、他責と感じさせてしまうと考え、注意してください。

【良い例】

上司「では、目標の3つめ『売上利益率の5％改善』について振り返って」

部下「この点は申し訳ございません。4％改善までこぎつけながら、あと一歩及ばなかったのは、ひとえに私の対策が至らなかったからだと思います」

上司「具体的には？」

部下「はい。ポイントは2つありまして、ひとつは高利益率の商品をもっと販売すべきだったということ、もうひとつは値引き幅をもっと少なくする必要があったということです」

「敗因の分析がきちんとできている」と感じられれば、上司はそれ以上言わないものです。そうなると、「来期はどうする」という前向きなテーマに話は移っていきます。

成果はあげるに越したことはありませんが、いつもすべての目標を100％達成できるわけではありません。達成できても、達成できなくても、きちんと準備して成果報告に臨みましょう。

観察記録は上司が作るものから部下が作るものへ

人事考課をする上司は、対象になる部下について、日常の観察記録をし、それをもとに考課をするというのが原則です。特にプロセス評価は、そうすることが求められました。しかし、その原則をきちんと守れている上司は少なかったのが実態です。プレイングマネージャーが多く、チーム業績を上げることを優先せざるを得ず、観察記録をつける余裕がなかったという事情がありました。

その結果、多くの上司は部下を見てきた記憶や、口頭で行われた報告、相談などの印象を頼りに考課をしてきました。部下からすると「それはないでしょう」と責めたくもなりますが、上司は、後ろめたさを感じつつも、そうせざるを得なかったのです。

しかし、コロナ後、上司は日常の観察記録をつけなくても、考課のもとになるデータを手にできるようになりました。それは、メッセンジャーやメールなどの部下の文章です。コロナ後、上司と部下、あるいは部下同士が文章でやりとりすることが格段に増えました。それを見れば、ある程度、考課対象の期間に部下がどんな動きをしていたかトレースすることができます。

上司も記憶や印象で考課をすることについては、後ろめたさがあるため、人事考課の前に、部下の書いたメッセージ、メールを見返すようになります。それに、そうすることで、「どうしてその考課点をつけたのか」という根拠も説明できるようになります。

このような状況は、いままで上司が作るべきだった日常観察の記録を「部下が作っている」と言ってよく、特にプロセス評価については、それがあてはまります。

この変化で恩恵を受けるのは、これまで口頭での報告が苦手だった人、声が小さいなどの要因で印象が弱かった人々です。これまでは、その記憶や印象で人事考課をされ、損をしてきましたが、**これからは、文字情報で発信したメッセージ、メールをもとに評価される比重が大きくなる。**これはチャンスです。

どのようなメッセージ、メールにすればよいのかは、次の章で詳しく解説しますが、日常的な報告、連絡、相談、プロジェクトの区切りのまとまった報告、そういう場面の文章が評価の材料になるということは覚えておいてください。

コロナ後のチャンスのもらい方

テレワーク環境では、待っているだけではチャンスがもらいにくくなります。

新規の案件が発生したり、新しい取り組みを行おうとしたりする場合、テレワーク下では上司は安全策をとりがちです。なぜなら、目が行き届かない環境では、その仕事を確実にできる人に任せたくなるからです。

近くにいれば、状況が把握しやすく、支援もしやすいので、部下にとって少々ハードルの高い仕事でも「やらせてみようか」という気になりますが、離れて働く環境ではそうは考えられません。

これは、チャンスをもらおうとしている私たちにとって、困った状況です。だから、**チャンスは待つのではなく、作るために「しかける」**必要があります。

では、どのようにすればよいか。

まず、「自分がどのようなチャンスをほしがっているか」上司に認識させることが必要です。チャンスをもらえるならば、自分にとって成長につながり、やりがいを持って取り組めることのほうがよいわけです。

ならば、それを上司に知ってもらう必要があります。そのために、次の3点は整理しておきましょう。

①将来なりたい姿、やりたい仕事
②そうなるために必要なスキル、経験
③現状持っているスキル、経験

「②－③＝今後身につけるべきスキル・経験」となり、そういうスキル・経験ができるチャンスをもらおうということです。

例えば、上司に「自己完結で企画書を書いてみたい」というようなことを言うのはよいことです。それだけでも意欲を感じさせられます。

ただ、そのように「点」で話すよりも、「将来、いざとなったら自分自身で何でも解決できるプロジェクトマネージャーになっていきたい」「そうなるためには、技術面、原価計算といったことについてもっと詳しくなる必要があると思っている」「だから、そのきっかけとして技術スタッフの力を借りず、自力で企画書を完成してみたい」というような話にしたほうが効果的です。

そのように伝えておけば、上司から「いますぐそういう企画案件はないが、これから私がやる原価計算の一部を手伝ってみるか？」というように、自分にとってはウェルカムな別のチャンスをもらえる可能性が出てくるからです。

このような話は、毎日職場に行く環境ならば、ランチや打ち合わせで上司と一緒に動く際に、雑談の延長でも話すことができたのですが、上司と離れて仕事をするようになると、そういった機会は持ちにくくなります。

こちらから、時間をとってもらって話をするといった「しかける」アクションが必要になるわけです。

ただ、メールやメッセンジャーなどで「お話がありますので時間をとってください」としか書かないと、上司は「辞めたいという話か！」と心配します。私は管理職時代、このようにだけ言われ、何度もドキッとしました。心臓に悪いので、それはやめてあげてください。

「急ぎではないのですが、今後取り組みたい仕事について聞いてもらいたいことがありますので、近々、30分ほど、お時間をとってください」というように書きましょう。

このような働きかけをすることで、チャンスを作ります。

ところで、現代の若いビジネスパーソンの中には「特になりたい姿とか、やりたい仕事はないのですよ」という人もいます。私はそのこと自体は悪いことだとは思っていません。ただ、そうすると、成り行きに身を任せることになります。特にテレワーク下では、成り行きに身を任せ、こなす仕事に埋没していると、会社から「社員でなくてもいいじゃないか」「案件ごとの業務請負（外注）になってもらおうか」と思われてしまうかもしれません。

「ウチの会社は、そこまで言わないだろう」と思うかもしれませんが、数多くの企業を見てきた私が感じるのは、企業にとって一番重要なのは存続だということです。会社の自己保存本能というのはとても強く、それがおびやかされれば、何でもします。だから楽観的になってはいけません。

私は、企業から見れば、外注業者の立場です。外注業者からすると、ある意味企業の社員はライバルです。

社内の発注者（上司）はこう考えます。「外注すると、進捗状況もわからなくなるし、細かい仕様変更などでいちいち連絡しなくてはならないから面倒だ。部下にやってもらおう」。

こんな理由で外注業者はそもそも不利です。しかし、テレワーク環境になると、部下であっても進捗状況がわかりにくくなり、細かい仕様変更でも「ちょっといいかな」と話しかけることはできず、いちいちメッセンジャーなどで連絡しなくてはなりません。

社員が外注業者に対して持っているアドバンテージが崩れていくのです。そうなると、意図して外注業者と差別化していかないと、いつの間にか外注業者にされてしまうといったことも起こります。基本的に、会社にとって、固定費が変動費になるのは良いことです。特に業績が低迷している企業では、そのような圧力が高まっていきます。

独立志向の人ならそれは「渡りに船」になりますが、そうでない人にとっては、大きな潜在リスクです。

「なりたい姿がない、やりたい仕事がない」ならば、せめて会社に**「自分が社員だからこその使い道」を提案**していかないと、知らず知らずのうちに潜在リスクに飲み込まれてしまうかもしれません。

そうならないためには、「こういう企画をやりたい」という意思表示をしていく必要があります。その意味でもチャンスは作る、取りに行くという姿勢で臨みましょう。

Column

営業の新基準

訪問件数からコンタクト件数へ

コラムでは、職種別に新基準を挙げ、どう対処していけばよいか、それが他の職種にどう影響するかを考えていきます。

コロナ後、様々な職種の中で、営業が真っ先に大きな環境変化に直面したと言えるでしょう。なにしろ、いままで顧客のところに訪問し、対面で会話することが仕事の中心だったのが、訪問しない、対面しないことがスタンダードになるという大きなパラダイムシフトが起こったのです。

これによって、営業マンの業績にも逆転現象が起こっています。これまで実績を上げていた従来型の営業マンの数字が上がらなくなる一方で、これまでパッとしなかった営業マンが着実に成果をあげる、ということが起きています。

従来型の営業マンは、数多く顧客のところに足を運び、対話の中からチャンスを作り、対面営業で説得するスタイルでした。しかし、コロナ後は得意なスタイルで営業できず、「こんな状況で数字があげられるわけがない」とモチベーションを下げました。

一方、これまでパッとしなかった営業マン、特に若手営業マンの中には、オンライン商談に抵抗がなく、コロナ後の環境に早く適応できた人々が数多くいました。

原因は「成功体験」です。従来型の営業

マンの成功体験は、コロナ前の環境で作られたものです。営業スタイルも成功体験をもとに作られています。従来型の営業マンは、その成功体験に縛られ、新しい環境への対応が遅れてしまっています。

一方、コロナ後に数字を上げた若手営業マンは、コロナ前にさほど成功体験があったわけではありません。そのため、過去の成功体験に縛られず、柔軟に新環境に適応することができました。

営業管理職にも大きな変化が起きています。これまで、営業マンの管理は「訪問件数」が中心で、いかに営業マンの訪問件数を増やすのかがポイントでした。しかし、コロナ後は訪問しないスタイルが定着し、訪問件数の管理自体意味がなくなりました。

そうなると、営業職の行動管理は「訪問」ではなく、メール、電話、オンライン商談といった顧客との「コンタクト件数」の管理に移行せざるを得なくなります。

ただ、これは新世代の営業マンにとって、悪いことではありません。営業会議で「訪問件数が少ない」と叱責されることがなくなり、商談を進めるために必要な「コンタクト」が重視されるようになるからです。

商談スタイルも変わってきています。これまでの営業スタイルは、最初にアイスブレイクということで、多少の雑談をした後に本題に入るというものでしたが、コロナ後はモニター上に参加者がそろったら早速本題というスタイルになりました。これまで雑談が苦手だった営業マンにとっては、好都合です。質疑応答もロジック勝負。これまでのように「そこをなんとか」と人間関係で対応することができなくなり、ロジックで簡潔に答えられないと契約の締結まで話を運べなくなります。

このような変化の中で実績が上げられる営業マンは

・有効な方法で顧客にコンタクトし
・事前に完璧な商談の組み立てをし
・ロジカルに質疑応答できる

といった能力が必要になってきます。

このように営業スタイルが変わっていくと、営業に関連する他職種にも影響が出ます。例えば、営業マンが提出する企画書を作るスタッフは、企画の作成依頼から完成までの時間短縮が求められるようになります。

これまで、営業はアポ取りから実際に顧客と面談するまで、1週間程度のタイムラグがありました。しかし、オンライン商談になると、営業も顧客も移動しませんから、今日・明日といったように、直近でコンタクトができるようになります。

商談全体がスピーディーに進むため、それに必要な企画もスピーディーに作ることが求められます。さらに、文書型の提案書から、画面共有、オンスクリーンで説明しやすいような企画書というように、スタイルも変わります。

技術スタッフも、営業がオンライン商談で顧客に説明しやすい資料を作ることを求められるようになります。現物を見てもらうことができなくなることから、現物のある場所でオンライン商談に参加といったケースも増えていきます。

総務経理スタッフは、テレワークで働く営業マンが増えると、勤怠の管理が複雑になるという課題が生まれる一方で、交通費精算の遅い営業マンを急かす作業から解放されるといったメリットも生まれるでしょう。

営業は、全社の業績を上げるエンジンですし、社内でも他の職種と関連することが多いため、会社全体に影響が出ます。テレワークをやっていない従来型の会社でも、営業の場面ではニューノーマルを取り入れていく必要が出てきているため、営業以外の職種の人々も無関係ではいられないのです。

いま、営業活動全体で課題になっていることは新規商談作りです。コロナ後、展示会のようなイベントが少なくなり、新たな商談が作りにくくなっています。そのため、新規顧客のほうから問い合わせしてくるような、他社にない製品・サービスを持っている企業以外は、これから当面苦しい状況が続くことが予想されます。

「いまいる会社で、差別化できる製品・サービスを作っていく」のか、それとも「自分の営業スキルが活かせる会社に転職するのか」。多くの営業職が問われることになるでしょう。

第2章

上司・同僚を動かす「報連相」の新基準

報連相をめぐる“つぶやき”

“離れて働くようになってから、報連相をしてくれない部下には、本当に頭を悩ましています。状況がよくわからないまま、期末になって、いきなり業績予測を下方修正という話が出てきたら手の打ちようがありません。

でも、こっちだって、しょっちゅう「どうなってる」と聞くのは嫌なのですよ。みんな自主的に報連相をしてほしいものです。

それと、ポイントをしっかり押さえて簡潔にしてほしいですね。コロナ後は、読まなくてはならないものがすごく増えましたから。そうしてくれれば、評価しますが、そういう部下は少ないですよ。”

〈上司〉

“テレワークがはじまってから、上司がやたらと「報連相」と言うようになり、正直うんざりしています。いったいどれだけ報連相をすればよいのでしょうか。

もっと信頼して、任せてほしいです。”

〈部下〉

報告は義務からサービスへ

身近にいない部下をどうマネジメントするか。これは、現代の上司の大きな悩みのひとつです。なにしろ、マネジメントの一歩目、状況把握がしにくくなります。そこで、これまで以上の報連相を部下に求めるわけですが、部下からすると面倒な仕事が増えたという気持ちになりがちです。

しかし、ここは**「自分は個人事業主。上司はクライアント」**というように考え、気持ちを切り替えましょう。コロナ後のビジネス環境下で、会社との関係は「仕事ありき」になっていきます。その仕事を発注してくれるのも、評価をするのも上司。上司はクライアントだと割り切って、顧客と同様の感覚で報連相を行うのが自分のためです。

また、上司がより報連相に重きを置くようになったということは、プロセス評価における報連相の位置づけが高くなるということ。**優れた報連相をすることは、これまで以上に、評価を上げるインパクトになります。**

この章では、より優れた報告、連絡、相談をするためのポイントを挙げます。

最初は報告です。「簡単な報告はメッセンジャーで」「重要度の高い、まとまった報告はメールで」。いまは、多くの職場でそのような使い分けがなされるようになりました。いずれにしても文章力が勝負になりますが、ここでは、より重要度の高い、まとまった報告をする場面で、どう報告するかについて考えます。

これまで報告は義務的な側面が強く、しなくてはならないものという感覚でした。そう考えていると、前向きになれず面倒と思ってしまいがちです。しかし、これからは、報告はクライアントに対する情報提供サービスです。

サービス度の高い報告をするための原則は、「結論から」「ひとことで」はじめるということ。それを意識するだけで報告はグッとよくなります。

次の例は、報告メールの書き出しです。改善前、改善後の順で見てみましょう。

【改善前】

お疲れ様です。

本日、東西産業さんとZoomでA製品について、打ち合わせをしました。

先方の担当者も在宅勤務で仕事があまり進んでいないようで、歯切れが悪い印象でした。

一応、金額と納期について、打ち合わせをしまして、金額については、こちらの提出した見積もりに対し、先方が社内調整を行った結果を聞きました。（以下詳細）

悪くはありませんが、キレがない印象です。これを、報告の原則に基づいて「結論から」「ひとことで」はじめる方式に変えてみましょう。

【改善後】

本日の東西産業さんとのA製品の商談についてご報告します。結論から申しますと一歩前進しました。当社の提案に対し、先方から価格について10％のコストダウン、納期に関しては1カ月の短縮要求が出ました。次回、当社側がどこまで譲歩できるか条件を提示することにしました。つきましては、次回のオンライン会議に課長の同席をお願いします。次回、当社の条件を提示し、交渉し、成約まで進めたいと考えています。（以下詳細）

書き出しを工夫したことで格段に読みやすくなりました。あなたが上司だったら当然、後者のようなメールを望むでしょう。

テレワーク環境で、上司は部下からの報告メールをたくさん読みます。その結果、無意識に比較します。メール文の比較は、単に文章の巧拙にとどまりません。仕事の進め方までイメージされ、比較されてしまうのが怖いところです。

改善したメール文のポイントは、結論から、ひとことで書き出していることです。

おすすめは、「結論から申しますと」と書き出すこと。そうすると、自動的に結論から書くことになります。

また、結論は短くひとことで。例えば、「結論から申しますと、先方から価格と納期について希望が出まして……」これでは長い。「結論から申しますと、一歩前進しました」。長さとしてはこのぐらいが適切です。**上司が知りたいのは、進んだのか、進まなかったのか、希望があるのか、難しいのか、そういったこと。**まずは、それだけ知らせます。

報告を面倒な義務ととらえず、**情報提供サービス、さらには自分の仕事ぶりを上司にプレゼンする場**と考え取り組みましょう。そうすれば評価は必ず上がります。

結果報告から中間報告へ

「報告は終わった結果を伝えるもの」こう考える部下の方々は多いのですが、上司の考えは違います。上司にとって結果が出てからの報告は「受け止めて、聞くしかない」もの。特に結果が悪かった時には、反省会しかできません。

一方で、途中経過を報告してもらえば、アドバイスをして事前に問題を回避できるなど、手が打てます。また、部下のアウトプットを受け取り、それを使って、上司がワークするような場合もあります。そういうケースで、部下の仕事の進捗がわかれば、その後の自分自身の作業スケジュールが組みやすくなります。

同じオフィスで働いていれば、上司は、部下の様子を見て、ある程度、状況の把握はできます。しかし、離れて働く状況になると、途中経過や進捗は部下から伝えてもらえなければまったくわかりません。

このような環境となり、上司にとっては、**「結果報告より中間報告のほうが貴重」**になっています。期末の成果報告は、評価に直結するため、力を入れることになりますが、日常の報告は、結果よりも途中経過、進捗を意識して行いましょう。

中間報告をするタイミングは次の3つです。

- ☑ **状況に変化があった時**
- ☑ **納期までに時間のかかる仕事の区切りの時点**
- ☑ **終了のメドがついたとき**

それぞれについて、イメージを作っていきましょう。「状況に変化があった時」というのは、例えば商談中の顧客の取引先の部門で、組織変更があったような場面です。こういう時は、商談への影響予測を含め、一報を入れておきます。

「納期までに時間のかかる仕事の区切りの時点」というのは、WEBサイトのリニューアルならば「基本デザインができた時点」「静的ページが完成した時点」「プログラムがセットされた時点」というような工程ごとの区切りで行う、あるいは自分で決めた曜日を区切りとして「週1回」というタームで行うという方法でもよいでしょう。

最後の「終了のメドがついたとき」は、上司から「今週中に」と頼まれて顧客向けの「クレーム報告書」を作っている際、前々日の水曜日に作業をしていて、完成が見えてきたら「明日の夕方にはお送りできそうです」と予告しておくようなことです。

そうすれば、上司は、「金曜にチェックして、大きな問題がなければ月曜には顧客に提出できるな」と段取りができるため、喜ばれます。

離れたところで働く部下からの中間報告は上司にとって、ありがたいもの。これからは、**報告にかける工数を、結果報告から中間報告にシフトしましょう。**同じ時間をかけるなら、そのほうが評価が上がります。

連絡は事実情報の共有から情報で人を動かすものに

連絡は「仕事を前に進めるための、協働者（横方向）に展開する情報共有活動」です。コロナショックを機に、slackやTeamsなどのビジネスチャット系ツールを導入した職場が多く、そこそこ使われており、情報の共有は一見、進んだかに見えました。

しかし、上司層の皆さんに聞くと、多くの投稿は情報価値のさほど高いものではなく、単なる事実情報で、一応知っておけばよい程度のものという評価です。では、どういう投稿に情報価値を認めるのかと聞くと、**「チームメンバーのアクションにつながるようなもの」**と言っていました。

ここに連絡のヒントがあります。チームメンバーがそれを見て動くような情報を発信すれば、情報価値を認めてもらえますし、メンバーから感謝されます。

では、どのような情報が人を動かすのでしょうか。極論すれば、人が動くのは得（快）を求めて、あるいは、損（不快）を回避するためです。そこをポイントにします。

例えば、広告代理店のメンバーが、次のような情報を発信したとしましょう。

> 本日、私の担当する製薬A社で聞いたところ、来年度は学術系の動画の予算を増やす方向だそうです。ご参考まで。

これだけだと、よほど情報感度の高いメンバー以外、普通のメンバーは自分の得にも損にも感じないため、読み流してしまうでしょう。これを少し加工します。

製薬会社を担当する皆さん、本日、私の担当する製薬A社で聞いたところ、A社ではドクターに対するMRの訪問の減を、動画配信でカバーするため、来年度の学術系の動画予算を30%アップする方向とのことです。他の企業でも同じような動きがあるかもしれませんので、探りを入れてみてはどうでしょう。

これなら動きそうですね。せっかく投稿するならば、このように、人を動かすものにしましょう。

ちなみに、あなたが、情報の「発信者」になる場合「発信情報のレベル設定」についても、配慮が必要です。

多くの場合、連絡における発信は複数のメンバーに向けてなされます。その場合、問題になるのは、情報を受け取るメンバーの間にレベル差があることです。

例えば、あなたが先ほどの情報を出すメンバーが、チームに10人いたとします。当然、仕事の習熟度にはレベル差があります。このような場合、よく言われるのは「2・6・2」の法則というものです。これは、10名いれば、2名はハイレベル、6名はミドルレベル、残りの2名はローレベルに分布するということです。

あなただったら、どのレベルの人に向けて説明の難易度を設定しますか？

おそらく、真ん中の6割を意識して難易度を設定するでしょう。そうすると、ローレベルの2割は理解が不十分なままとなってしまいます。例えば、「学術動画の予算増が、どうビジネスチャンスに結びつくのかメカニズムがわからない」ということです。

だからと言って、ローレベルにあわせると、ハイレベル、ミドルレベルの8人が「そこまで説明されなくても」「くどいよ」という話になってしまいます。

では、どうするか。妥当なのは、ミドルレベルにあわせて発信し、ローレベルの2名に対しては、必要に応じて、補足説明をするという方法です。

このようにすれば、効率よく情報共有が進められます。そして、こういう連絡ができる人が、次世代のチームリーダー候補として、リストに載ってきます。

連絡のリアクションルールは働きかけて作る

連絡は情報共有ですので、こちらが受信者の立場で受けることもあります。そこで、ここでは、受信者としてのポイントを挙げます。一番のポイントは「リアクション」です。

連絡にslackやTeamsを利用する職場が増えるとともによく質問されるようになったことが、「どこまでリアクションすべきか」という点です。すべてのメッセージにいちいちリアクションするのは大変です。ただ、既読マークがつかないシステム環境だと、リアクションしなければ、読んだことを知らせることができません。

この件に関しては、企業、職場のローカルルールに従うしかないというのが現状です。代表的なものを挙げてみましょう。

- □ **自分宛のものだけ返信すればよい職場**
- □ **ひとことメッセージを入れることになっている職場**
- □ **絵文字だけでよい職場**

これらが混在しており、利用法が固まっておらず、これからも変わっていく可能性が大きそうです。変わる可能性があるということは「こちらから働きかければ、自分たちが快適に使えるルールにすることができる」ということ。

まだ、利用方法が固まっていない、いまがチャンスと言えます。連絡の発信を数多くする上司の立場では、リアクションがないのは困ること。一方で、メンバーはリアクションに余計な工数をかけたくない。両者の課題を解決するような提案ができれば、上司、メンバー双方から喜ばれます。

チームミーティングなどの場で、そういった建設的な提案をし、自分も他者も使いやすいルールにしていきましょう。

相談は答えを求めるものからこちらで答えを用意するものに

相談は「問題解決のため、他者から意見、判断を得る情報収集活動」です。これまで、相談は上司、先輩、顧客に答えを求めるものでした。

職場にいれば、上司に余裕がありそうな時、「ちょっといいですか?」と話しかけて答えをもらえましたが、テレワーク環境だとそうはいきません。部下の立場の方から、「上司の様子がわからないので、いつ声をかければよいかわからない」「そもそもこれは相談すべきことなのか悩む」という声をよく聞きます。

上司側も「部下が見えない状況で、相談してくれないと、問題解決や判断に関与できないから困る」「とはいえ、細かいことまでいちいち相談されても困る」という矛盾した気持ちを抱えています。お互いに相談については、迷っているという状況です。

この課題に関しては、**「チームの業績への影響度で線引きする」**というのが解決策です。上司の最大の課題は「チームの業績」です。それに影響の大きいものは相談、影響の小さいものは自己判断と線引きするとよいでしょう。

ここで残るのが、「影響度・中のグレーゾーン」の扱いです。実はこのグレーゾーンにあたる問題が結構多く、それが相談すべきか、という悩みにつながっています。

相談しなければ後で「なんで相談してくれなかったのだ」と言われる可能性もあり、相談したらしたで「そのぐらい自分で判断してくれ」と言われる可能性もあります。

これを解決するのが「解決策つきの相談」です。「細かいことまでいちいち相談されても。自分で判断してほしい」と上司が考えるのは、意見コメントを作る、判断をすることに対する負担感からです。

ならば、その負担を軽くしてあげればよいのです。その負担感を減らすのが「自分なりの解決策」。つまり、相談の答えはこちらで用意しておくということです。それをつけて相談すれば、「相談がなかった」とも、「そのくらい自分で判断してくれ」とも言われません。

例えば、顧客からのクレームという問題があったとしましょう。クレーム処理にかかるコストはさほど大きくないため、チーム業績への影響度は大きくありませんが、影響が小さいとも言い切れません。まさにグレーゾーンだったとします。

このような場合

△

東西商事さんから、クレームがありました。先方と行き違いがあり、商品の納品場所が違っていたということです。どういたしましょうか。

○

東西商事さんから、クレームがありました。納品場所が先方の希望と違っていたということです。先方と当社の配送部門との行き違いで、やや当社が不利な状況です。先方は、社内で転送するかわりに配送費の全額値引きを求めています。2万円の値引きとなりますが、私としては先方の希望するこの方法で対応したいと考えています。

いかがでしょう。

あなたが上司なら、どちらの相談を望みますか。△例では、対策を上司が一から考えなくてはなりません。○例ならば、「それで進めてくれ」といったコメントをするだけで済みます。負担は大きく違いますね。

ただ、このように相談しても「ほかに方法はないのか？」という疑問が残る余地はあります。そこで、次のように、自分案を複数用意するということが有効になります。

◎

東西商事さんから、クレームがありました。納品場所が先方の希望と違っていたということです。先方と当社の配送部門との行き違いで、やや当社が不利な状況です。対応として次の2つの方法が考えられます。

【A案】　先方に社内転送してもらい配送費全額を値引き
　先方が希望している対応です。2万円の値引きが発生します。

［B案］　当社便を使って移動
コストは1万円程度発生します。交渉が必要ですが、先方は納得すると思います。

どちらで進めましょうか。

これならば、上司はすぐに判断できるでしょう。本件に関する相談のやりとりも最小で済みます。上司にとっても、部下にとってもメリットのあることです。

このような相談を続けていると、報連相といった、コミュニケーション系の評価だけでなく「問題解決能力」といったコンセプチュアルスキル系の評価もプラスになります。相談の答えはこちらで用意する。やってみてください。

相談を巻き込むためのしかけにする

これまでも、上司が部下に求めることのひとつに「他者を巻き込んで、自分一人ではできない大きな仕事、難しい仕事をやり遂げてほしい」というものがありました。しかし、この「巻き込み」というアクションがコロナ後、難しくなっています。

そばにいない先輩、同僚に気軽に声をかけることはできません。どうしても、自己完結してしまうことが多くなってきます。それを続けていると、職人化していき、ビジネスパーソンとして、小さくまとまってしまいます。

他者の経験やスキルを自分のものにして、自分を成長させたい。そのためには、巻き込みが必要です。それに、巻き込みをする部下が少ない中で、あなたが他者を巻き込んで成果をあげている姿を見せれば光ります。

では、どうすればよいか、ということですが、**おすすめは「相談」というアクションです。**巻き込むためには、相手に警戒されず距離を詰め、頃合いを見計らって依頼する、ということが必要です。この最初の「警戒されず距離を詰める」ところで、相談というアクションは有効なのです。

警戒されないために大切なのは、表現です。例えば、メールやメッセンジャーで、巻き込みの最初のアクションをするとします。その時の表現例を挙げてみましょう。

△ お願いしたいことがあるので15分ほど時間をとってください

これでは相手に「何をやらされるのだろう」と警戒されてしまいます。そうなると、最初から断る予防線を張られてしまいますので、巻き込みが難しくなります。

○ ご相談があるので15分ほど時間をとってください

これならだいぶハードルは下がります。ただ、「なんだろう」と警戒する人は残ります。

◎ 教えてほしいことがあるので15分ほど時間をとってください

これがベストです。よくわからないけど、教えるだけなら、と警戒せず対応してくれます。それに、「教えてほしい」と言われれば、「自分のスキル、経験を認めてくれている」と感じ、自尊心が満たされますし、教えるという行為自体、上からものを言えて気持ちよいことです。巻き込むならば、最初から相手が気分良く話せる状況を作ったほうがよいわけで、「教えてほしい」は、そういう点で効果的です。ちなみに、「アドバイスをしてほしいので」というのも同様の効果があります。

離れて働く環境だからこそ、相談というアクションを使って、巻き込みをやりましょう。

コミュニケーションツールの使い分けは目的と相手タイプで

ここでは、報告、連絡、相談をする際、どのようにツールを使い分ければよいか考えてみます。目的に応じて、メッセンジャー、メール、電話、ビデオ会議といった多様なツールを効果的に使い分けられることは、コロナ後の重要スキル。上司や同僚から「デキる」と思われるような選択ができるようになっていきましょう。

報告、連絡、相談、それぞれのツール選択について、整理すると次のようになります。

【報告】

緊急度が低いものは、メール、メッセンジャーなどの文書が基本と考えましょう。報告は

「仕事の発注者への情報提供サービス」です。リアルタイムで知る必要がないことならば、相手の都合がよいタイミングで見られるほうが、サービスレベルが高いと言えます。

メールかメッセンジャーかという選択については、期間が長い業務の中間報告など、公式度の高いものはメール、そうでないものはメッセンジャーという判断がよいでしょう。

公式度の高い報告は、ある程度の分量になりますのでメールのほうが向いています。それに、公式度の高い報告は、人事考課の時に見返したくなりますので、検索しやすいメールのほうがよいのです。

ただし、**「お詫び」をともなうような報告の場合は、電話が向きます。**音声を使うことで、詫びの気持ちが伝わりやすくなりますし、相手の声のトーン、間(ま)などから反応がつかみやすくなり、適切な対応ができる可能性が高まります。また、お詫びをともなうメールは、気を遣うため、書いては直し、と作成に時間がかかりますが、電話ならば短時間に済ませることができます。

【連絡】

複数の相手に同時に発信することが考えられるため、メッセンジャー、あるいは同報メールなどの文書系ツールが中心になります。その上で、チームのビデオ会議などの機会を使い、補足するという方法が有効です。

【相談】

内容により適したツールが変わります。商談や事務処理など、ロジック中心のやりとりになるものは文書が適しています。相談をもちかける側が、「問題が何か」「どのような経緯でそうなったか」「自分はどう考えているか」といったことを整理して発信できるからです。相手も、整理された情報をもとにしたほうが理解も早く、意見や判断がしやすくなるため、相談対応にかかる時間が短縮できます。

一方で、対人関係の問題や自分のキャリアに関する相談のように、ヒューマンな要素が含まれる場合は、電話やビデオ会議などの口頭ツールを使うとよいでしょう。ビデオ会議なら自分、相手双方の表情の変化がメッセージに乗り、ニュアンスが伝わりやすくなるからです。電話の場合、表情は見えませんが、その分、会話の間(ま)や声のトーンの変化に敏感になり、ビデオ会議に近い効果が得られます。

大きな使い分けとしては、前出のようにすればよいのですが、相談内容にロジック、ヒューマンの両方の要素が入っているケースなど、判断に迷うような内容の場合は、相手のタイプでツールを選択するとよいでしょう。

ここでは、ソーシャルスタイルに代表される4分類のタイプ論を用いて、どのタイプに、どのツールが適しているか、考えてみます。

直感・行動タイプの相手

パッと決めて、パッと動くタイプです。声が大きく早口で、感情の起伏も大きいという特徴があります。

このタイプは、長い文章を読むことを嫌いますので、口頭コミュニケーション、中でも電話が向いています。ビデオ会議もよいのですが、セッティングをして、接続してといったことを面倒に感じる傾向があるため、手軽な電話の方が、より向いています。

成果・効率タイプ

無駄が嫌いで、なにごとも合理的に進めたがるタイプです。威圧感があり、多くは話さないのですが、ひとことが重いといった特徴があります。

このタイプはさほどツールの好みはありません。どのツールでも、簡潔に、事実中心の情報を好み、とりとめのない会話、文章を嫌います。また、相談は、事実を中心に、選択可能な複数の選択肢を提示し、相手に判断を求めることが有効です。「決めるのは俺」「決めるのは私」というメンタルを持っているからです。

協調タイプ

争いを好まず、人間関係を大切にする「いい人」タイプです。おだやかで、人の話をよく聞くといった特徴があります。

このタイプは、人間的なつながりを重視するため、口頭コミュニケーションを好みます。そのため、テレビ会議や電話が向いていますが、相手にあわせるという傾向があり、さほどツールにこだわりはありません。前出の標準的な使い分けをもとにすればよいでしょう。

思考タイプ

考えるのに時間がかかり、行動が遅れるタイプです。そもそも論から細かく長く話す、目を見ず話す、という特徴があります。

このタイプには文書系が向いています。即答が苦手なため、ビデオ会議、電話といったツールより、じっくり考え、推敲した後で発信できるほうがよいからです。ただ、このタイプの相手は、長文を書いてくる傾向があり、メッセンジャーやメールでラリーがはじまると、やりとりに、かなりの時間をとられるということがあります。ラリーが続きそうなら、宿題を出し、一回やりとりを切って、時間をおいて電話で確認をするという方法をとるとよいでしょう。

このように、ツール選択は目的で分けた上で、判断に迷う場合は相手タイプにあわせるという方法をとると的確に行えます。

報連相メールは電話と同じ感覚で

これまで、顧客に対し、休日、夜間に報連相メールを送ることは、さほど問題視されていませんでした。いつメールを送ろうが、相手は出社してパソコンを起動し、初めて見ることになるからです。

しかし、在宅勤務という働き方が普及してきた昨今では、そうはいかなくなってきました。相手は、自宅のパソコンで休日、夜間もメールを見てしまう可能性があるからです。

在宅勤務で、18時で仕事を終えた顧客が、家族との夕食をとり、入浴した後、寝る前にふとパソコンを見る。すると、あなたからのメールが入っている。見ると、そこそこ急ぎの内容。明日にしようと思ったものの、返信をためるのはスッキリしない。結局返事を書いてしまう。こういったことが起こりえます。

また、テレワークの広がりとともに、スマホのビジネス利用度も上がりました。自分に来たビジネスメールをスマホに転送している人も少なからずいます。あなたが夜遅くメールを出すと相手のスマホに着信音が鳴る、着信通知が表示されるということが出てきます。

こういったことを繰り返していると、顧客に嫌がられる可能性は十分あります。テレワーク環境では、相手に対する想像力、思いやりが必要になってくるというのはこういう場面です。

自分としては、伝えるべきことを早く伝え、スッキリして今日を終えたいと考えるのは悪いことではありません。しかし、環境が変わったいま、これまでのマナーでは問題がなかったことも見直す必要があるのです。

特に顧客に対しては、配慮が必要です。メールはできる限り、平日の9時〜17時といった安全な時間帯に送付するといったことが必要になってくるでしょう。単純に言えば、電話と同じ感覚で送るということです。

このような配慮は、顧客以外の取引先、上司、チームメンバーに対しても必要です。顧客に対してよりは甘めにしてよいとは思いますが、夜遅くや、休日の報連相メールは控えたほうが安全です。

また、上司や同僚に電話をする前に、メッセンジャーなどで、ひとこと「いま、電話してもいいですか」「いま、電話できる？」といった打診をする人も増えてきました。これは、結構、評判が良いようです。いずれ、そうすることが新しいマナーになるのかもしれません。

このように、環境が変わるとマナーも変わります。いままで通りのアクションをする前に、思いやり、想像力を働かせることが求められています。

文書が苦手な人は報連相にパターンを使う

コロナ後、不利になった人の代表は、文書を苦手としている人です。コロナ前、対面がメインだった時は、持ち前の会話力で報連相をはじめとするコミュニケーションを円滑にこなしていた人が、コロナ後、メール、メッセンジャーなどの文書ツールが主体になってから精彩を欠いているという話を数多く聞きました。

そうなると、上司とのコミュニケーションもギクシャクしはじめ、結果的にコミュニケーション系の評価が下がってしまいます。

このままでは、仕事もスムーズに進まなくなり、評価が下がったままになってしまいます。文章表現力を磨くには地道な努力が必要ですが、文章の苦手な皆さんは「すぐに効く方法を教えて」という気持ちでしょう。

そこで、そういう方には**「パターンにはめる」**ことをおすすめします。

以下、報告、連絡、相談のそれぞれについて、おすすめのパターンを紹介します。

まずは報告のパターンです。

- ○○の件でご報告いたします
- 結論から申しますと○○です
- なぜなら○○だからです（原因は○○です）（理由は2つあります。ひとつは〜）
- 裏付けとしてこういうデータがあります（こういう事実があります）
- 今後、○○という対策を考えています（次の一手としてこういう対策が考えられます）

（カッコ内はバリエーション）

このパターンには、前述の「報告は結論から」という原則に加え、**「結論、理由、データ」の3点セットで伝える「三角ロジック」という構成**が埋め込まれています。

これに報告をあてはめていけば、良い報告になります。例を見てみましょう。これは、上司から自社のコールセンターのクレーム増について、原因分析を頼まれた部下の報告のサマリー部分です。

【報告例】

コールセンターのクレーム増加に関して報告します。結論から申しますと、クレーム増の原因は電話を受けるスタッフの技術力不足と考えます。なぜなら、クレームの理由が技術的な問題解決ができないことに集中しているからです。裏付けデータとして、クレームケースの分析グラフを添付します。

対策としては、2つ考えられます。ひとつは、スタッフに対する技術研修で全体の底上げをすること、もうひとつは問題の難度によって、対応するスタッフをフレキシブルに変えていく方法です。詳細は以下をご覧ください。

次に連絡のパターンを挙げます。連絡に関しては、単純ではありますが、5W1Hを活用するのが短時間に効率よく連絡文書を作るポイントです。これを次の順に並べます。

What　チームミーティングのご連絡
Why　上期の振り返りのため
Who　チーム全員参加

When　日時　○月○日○時より1時間程度を予定
Where　オンラインミーティング（下記リンク）
How　準備　各自報告テンプレート（チームフォルダ内にあり）を完成した上で参加すること

私は仕事柄、これまで2千通以上の社内通達を見てきましたが、ほとんどが右記のような5W1Hを柱に作成されています。費用が発生する場合は、これにもうひとつのH（How much　いくら）をプラスし、5W2Hとして使えばよいでしょう。

なお、連絡がアクションを促すものではなく、単に情報共有のためのものである場合は、前出の報告のパターンも使えます。

最後に相談のパターンを挙げます。

・問題　○○という問題（クレーム）が発生しました
・経緯　○○という状況です（原因は○○です）

・複数解決策案　対応として次の○つの方法が考えられます
（カッコ内はバリエーション）

これを、前出の報告事例にあてはめてみましょう。

【相談例】

問題
東西商事さんで、誤配送のクレームが発生しました。

経緯
納品場所が先方の希望と違っていたということです。先方と当社の配送部門との行き違いで、やや当社が不利な状況です。

複数解決策案
対応として次の2つの方法が考えられます。

［A案］　先方に社内転送してもらい配送費全額を値引き先方が希望している対応です。2万円の値引きが発生します。

［B案］　当社便を使って移動
コストは1万円程度発生します。交渉が必要ですが、先方は納得すると思います。

どちらで進めましょうか。

このように、文章の苦手な人は、まずはパターンにあてはめてみましょう。そのうち、パターンを見なくても自然に文書が作れるようになります。

マイクロマネジメント上司との戦い方

テレワークで働く人が増えてから、「上司が15分おきに報告を求めてくる」「一日中、ビデオ会議を立ち上げオンカメラ状態で仕事をするよう指示された」「マウスが15分動かないと上司から『何をしているのか』と質問がくる」といった悩みの相談が増えました。

このように、細かく部下を管理したがる上司を、マイクロマネジメント上司と呼びます。こういう人が上司だと、仕事のじゃまになるだけでなく、メンタルも削られてしまいます。耐えるだけではつらいので、対策を考えましょう。

最初に見極めるべきことは、チームメンバー全員に対し、それをやっているのかということです。もし、されていない、されていてもさほどではない人がいるならば、その人と同じ行動をすれば、避けられるということ。報連相をはじめ、どんな上司対策をしているか、聞いてみて、同じように実践するとよいでしょう。

全員に対し、同じようにしているならば、対応は2通り考えられます。ひとつは、部下同士で連携して対応すること。みんな同じように被害を受けているならば、水面下で話し合いをします。そして、メンバーの中で影響力の強い人から上司に意見具申してもらいます。

ただ、この方法は、意見された上司が態度を硬化させる可能性もあるため、次に述べる「もうひとつの方法」をやってみて、効果がなかった場合の最後の手段と考えましょう。上司の知らないところで部下同士が密談をするというのは、内容はともかく、ほめられたものではありませんので。

もうひとつの方法は、他のメンバーのことはさておき「自分はマイクロマネジメント対象から脱出する」ということです。

ここで、上司がマイクロマネジメントに走る理由を考えてみましょう。最も大きな要因は「不安」です。上司は常に不安にさらされています。かつて企業の管理職だった時、私も常に不安にさらされていました。「チームの業績目標が未達成だったらどうしよう」「クレームが裁判に発展したらどうしよう」「全社イベントが自チームのせいで失敗したらどうしよう」不安のタネは様々でした。となると、その不安を解消するため、状況を把握し、手を打とうとするわけです。

しかし、テレワーク下では最初にやりたい「状況把握」がしにくくなります。そうなると、不安は解消どころか、増してきます。不安が増せば状況を把握するため、報告を求めるようになるというのは当然の帰結です。

だからテレワーク下では、日頃職場で顔をあわせていた時よりも、マメに状況を伝える必要があるのです。

とはいえ、なんでもかんでも15分おきに報告していては、仕事になりません。

上司の不安のもとを探り、それに関することは、ささいなことでも報告や相談をする。上司の不安と関係が薄そうなことは放っておき、様子を見る。そういった対応が必要です。

「上司が不安に感じることは何か」、それは、上司本人に聞いてみるのが一番ですが、そのような機会がない、聞きにくいという方のために、推測のヒントを挙げます。

最終的に上司が気になるのは、「チームの成果、業績」です。一般的なのは、営業系ならば売上や粗利といった業績、開発系ならば新商品がいつ市場に出せるのか、製造系なら不良、コスト、納期といった業績指標が達成できるのか、総務・経理系など間接部門では経営幹部から指示されたプロジェクトが期待通りにできるのかといったことです。

これらをヒントに「上司の不安のもとはこれだ！」ということを推定し、それに関することは、ささいなことでも報告や相談をする、他のことは放置するということを試してみるとよいでしょう。

そこが、ミートしてくれれば、少なくとも自分に対しては、執拗に報告を求めるといったことはなくなるでしょう。上司は自分に割いていたリソースを、そういうことをしない他のメンバーに向けるようになります。

マイクロマネジメント上司は困った存在です。あなたが、社内異動や転職という方法で、関係を絶ちたいと思っているとしても、私は責めません。ただ、こういう上司は一定の割合で存在します。異動、転職してもその先に同じような上司がいるかもしれません。

ならば、目の前の上司にうまく対応し、今後再びそういう上司を持った時の必勝パターンを作っておいた方がよいではありませんか。

Column

総務・経理・情報システム部門の新基準

縁の下から経営スタッフに

　これまで、総務・経理・情報システム部門などの間接部門は、会社の中では「縁の下の力持ち」という立場でした。雑務を含め、多くの仕事をこなす裏方さんという位置づけでしたが、コロナ後、それが変わりはじめています。

　これらの職種の人々の中には、コロナショックの最中でも、出社しないとできない仕事を持つ人が多くいて、それが、企業として課題になりました。

　そして、もうひとつ企業として課題になっているのが、オフィス問題です。テレワークで働ける人が増えると、便利な場所に構えた大きなオフィスが要らなくなり、固定費削減策の一環として、小さなオフィスを志向するようになっています。そこに、多くの間接部門のスタッフを入れるわけにはいきません。

　そうなると、これまで間接部門で処理していた多くの仕事を、社内でやるのではなく、まとめて外部に出し、間接部門のスタッフを減らしていくという動きが出てきます。

　例えば、総務・経理部門で処理している社員の給与管理、社会保険の業務、月次決算といった仕事をまとめてアウトソーシングしてしまうといった方向です。

　また、情報システム部門では既に社内に

自社サーバーを持たず、業務系システムの開発、保守を外注している企業が増えています。

そうなってくると、総務、経理、情報システムといった部門は、「そこそこの人数を投入し、裏方として作業をする部門」という位置づけから、「少数精鋭で、経営的な視点から合理化・最適化を進める経営スタッフ」という位置づけになってきます。それにともない、社内における間接部門のステータスが上がっていくでしょう。

これは、間接部門にいる人にとって、チャンスにもピンチにもなります。変わりゆく環境の中で残っていければ、経営スタッフになれる一方で、そこに残れないというリスクも生じるわけです。

だから、いまのうちから、意識して大きな視野で業務改善を行い、成果を残し、経営スタッフとしての資質を見せておくことが求められます。

このように間接部門が変わると、社内他部署にも影響を及ぼします。これまで、何か困ったら総務部門に相談すれば、なんとかしてくれたというものが、外部のヘルプデスクに相談するということに変わってきます。よりシステマチックでドライな対応になっていくでしょう。一方で、そういう仕組みをうまく活用し、快適な仕事環境を自ら作れる人もでてきます。

間接部門、そこにいるスタッフ、そしてそのサービスを受けていた社員、変化はすべての人々に波及します。

第3章

成果をあげ自分を磨く「**時間管理**」の新基準

時間管理をめぐる“つぶやき”

“時間管理は難題です。今後の大きな流れは成果重視で、労働時間は社員の裁量に任せていく方向なのですが、その結果「働かせすぎのブラック企業」と見られるのは困りますので、モニタリングと統制は続けます。社員には、生産性の高い働き方を自ら作っていくことを期待しています。”

〈人事部長〉

“部下の労働時間管理はとても難しくなりました。会社のルールもコロコロ変わりますし。

一応、仕事の開始と終了の時間はシステムでわかるようになっているのですが、その間、何をやっているのかは正直わかりません。サボっていそうな部下もいますし、深夜まで働いてしまっている部下もいるようです。”

〈上司〉

“通勤がなく、いつはじめ、いつ終わるか自分で決められるのは快適です。ただ、ちょっとメリハリがないことは、自覚しています。つい、夜遅くまで仕事をしてしまうこともあります。もっとうまい時間の使い方を考えなくてはなりませんね。

あと、最近徐々に上司や会社からの時間管理が厳しくなってきました。監視されるのは嫌なので、そうならないことを願っています。”

〈部下〉

時間管理で最も重要なのは自分一人でやる仕事

コロナ後、多くのビジネスパーソンが「時間の使い方の自由度が増えた」と感じています。これは、歓迎すべきことですが、一方で「戦略的な時間の使い方をする人」と、そうでない人の差が広がることも意味します。

戦略的な時間の使い方とは何か。それは、「成果につながることに、より多くの時間を投入し、最大限に活用する」ということです。

これからは、成果で評価される方向にシフトしていきます。見える成果につながらないことに多くの時間を投入していては、報われません。だから、成果につながることに、より多くの時間資源を投入したいのです。

そして、投入した時間は最大限に活用する。今後は、**労働時間型の働き方ではなく、より短い時間で、大きな成果を生み出す時間の使い方を自分自身で考える**ことが求められます。

企業としても、労働時間管理が難しい状況になっており、「時間管理（自己管理）がきちんとできる人」を求める傾向が強まりました。こうなると、時間管理が評価軸としてクローズアップされてきます。

幸い、コロナ後は主体的に時間の使い方を考えることができるようになってきました。それをよい機会ととらえ、新しい環境で、新しいベストな時間の使い方を作り上げる。この章では、そのためにどうすればよいかを考えます。

ベストな時間の使い方を作るための、最初のステップは「時間管理の全体像」の把握です。

それは、極論すればこうなります。

「いつはじめ」「いつ終えるか」という2つのことについて、決定し、その通りに進めるようコントロールすること

仕事は2種類にわけられます。「自分一人でするもの」と、「他者と一緒にするもの」です。

あなたは、どちらが時間管理で大切だと思いますか？

多くの人は、「他者と一緒にするもののほうが大切」と答えます。でも、**本当に大切なのは「自分一人でするもの」のほう**です。

他者と一緒にする仕事の代表は、会議、打ち合わせ、商談です。これらについては、自然と意識します。皆さんの手帳やスケジューラーに、他者との打ち合わせの予定はしっかり書いてあるでしょう。

一方で、自分一人でできるものは、納期（いつ終えるか）しか書いていない。時間管理のもうひとつの要素「いつはじめるか」が書かれていない、意識できていないわけです。これが、他者と連携する仕事を優先しているうちに着手が遅れ、自分一人でする仕事が「気が付いたら納期直前」になってしまう原因です。

だから、**自分一人でする仕事を「いつはじめるか」スケジュールに入れ、守らなければ永遠にこのループから抜けられません。**

特に優先順位の高い仕事については、「いつはじめるか」をしっかりとスケジューリングする必要があります。月間スケジュールなら○月○日からはじめる、デイリーのスケジュールなら○時からはじめるというように、手帳やスケジューラーに明記しましょう。それが、自分自身の小さな時間管理改革です。

重要度が高く、緊急度が低い案件はフロントローディング

前項で「優先順位」という言葉が出てきました。上司と離れて仕事をするようになると、優先順位を自分で決められる自由度がアップします。皆さんは仕事の優先順位をどのように決めていますか。よく知られているのが「仕事を重要度と緊急度で考える」ということです。（**図1**）

ここで質問です。「重要度はどのように判定しますか？」。緊急度は納期までの残り時間や、対処の切迫

図1　優先順位

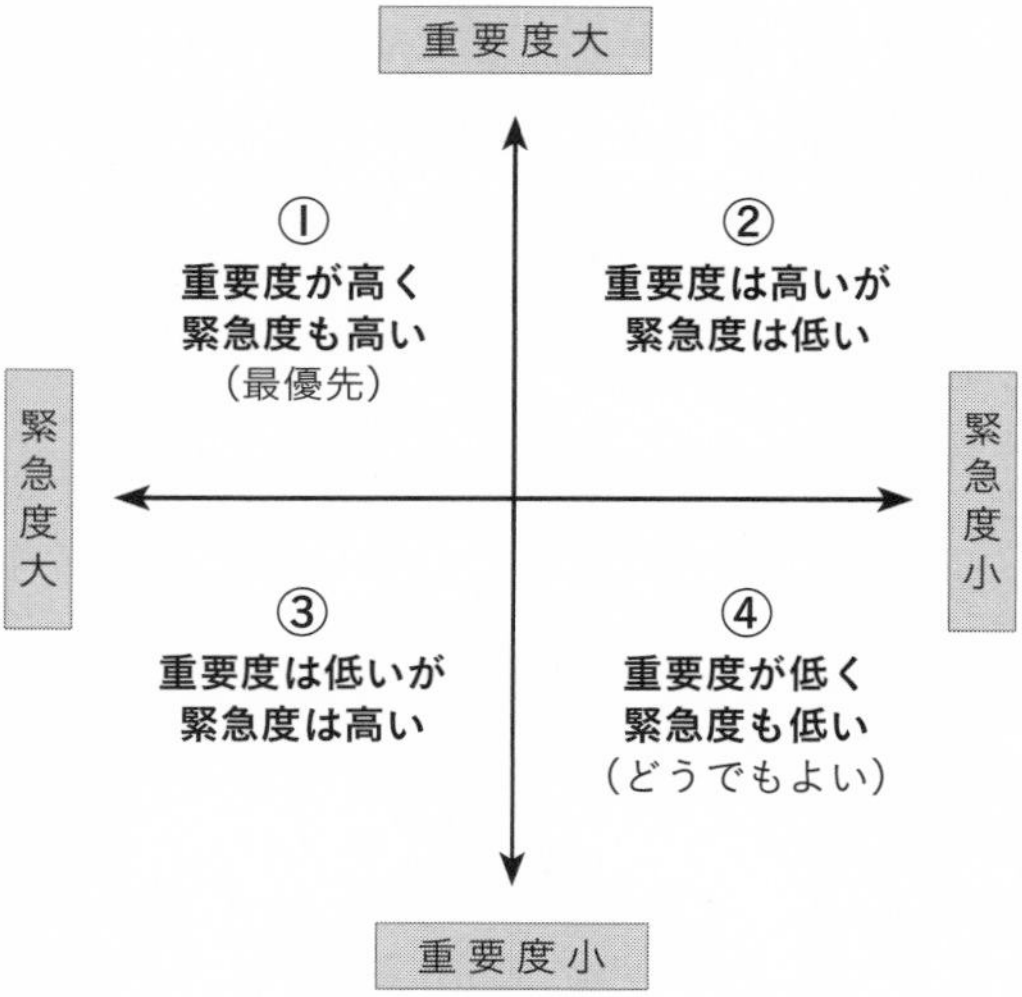

性で判定できると思います。しかし、「何をもって重要とするのか」に関しては、明確に答えられない人が多いものです。

これからは、**重要度は「チームの業績への影響度」で判断してください。**どんなチームであれ、目指すのは「チーム目標（成果や業績）の継続的達成」です。チームメンバーはそのために存在します。

さて、前ページ図1の①〜④の中で、①が最優先で、④がどうでもよいというのは直観的にわかると思います。

では、あなたは、次の2つのどちらを優先しますか？

②重要度は高いが緊急度は低い

③重要度は低いが緊急度は高い

私のセミナーにいらした皆さんに聞くと②を選ぶ人は2割ぐらい、③を選ぶ人が8割です。

私は②を優先することを勧めています。③の納期優先という考え方は否定しません。ただ、これから職場も個人も成果で評価される傾向が強まります。成果に影響の小さなものを優先してしまうと、結果的に成果が上がらず、評価が下がっていってしまうというリスクがあります。

重要度が低く緊急度の高い仕事は放置せよというわけではありません。それもやります。「それじゃ、時間が足りなくなるじゃないか」と思った方、その通りです。

そこで、導入したいのが「フロントローディング」という方法です。単純に言うと、「②重要度は高いが緊急度は低い」ものについて、早く着手「だけ」するということです。

まずは、「②重要度は高いが、緊急度は低い仕事」をイメージしてみましょう。営業系の仕事をしている人は、お客さんから「急ぎじゃないけど、いい提案があったら来月中に出して」と言われた状況。営業以外の仕事をしている皆さんでしたら、上司から「来月末までに業務改善提案を1つ出して」と言われた状況などが、該当するでしょう。

どちらのケースも、いい提案を作れば、売上やコストダウンといった成果につながります。そして、いずれも1カ月後に提案書を出すのがゴールだとします。

ここで、2人のビジネスパーソンがそれに対して実施したことを比較してみます。（次のページ**図2、3**）

AさんもBさんもかけた時間は同じ3日です。どちらが成果につながるような提案書を作れると思いますか？　Aさんは納期直前にはじめました。もう提出期限は目前です。いまから人に聞いたり、調べたりする時間はありません。過去に作った、似たような提案書を出してきて、アレンジしてなんとか提出するのが精いっぱい。やっつけ仕事です。

図2　Aさんの場合

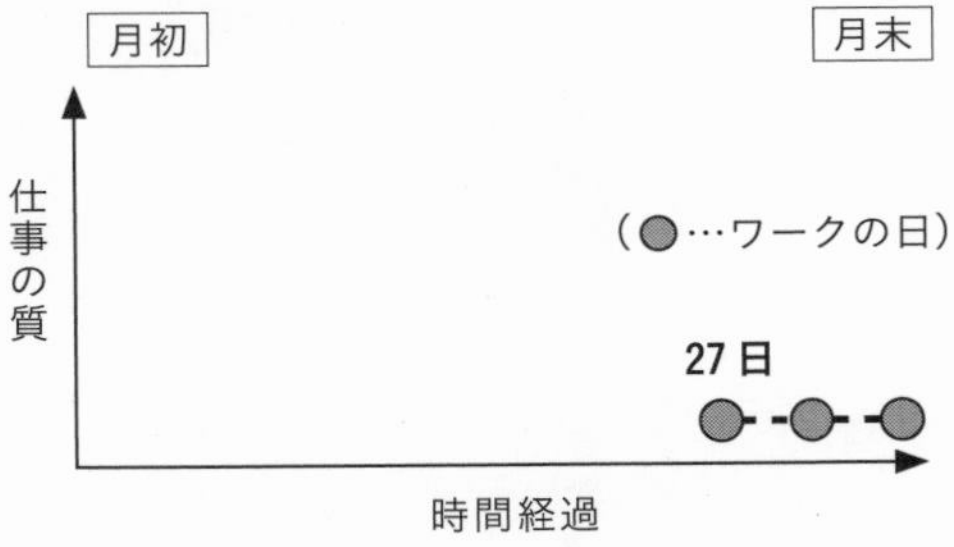

- ☑ 翌月27日に着手
- ☑ 3日かけて完成
- ☑ 30日に提出

図3　Bさんの場合

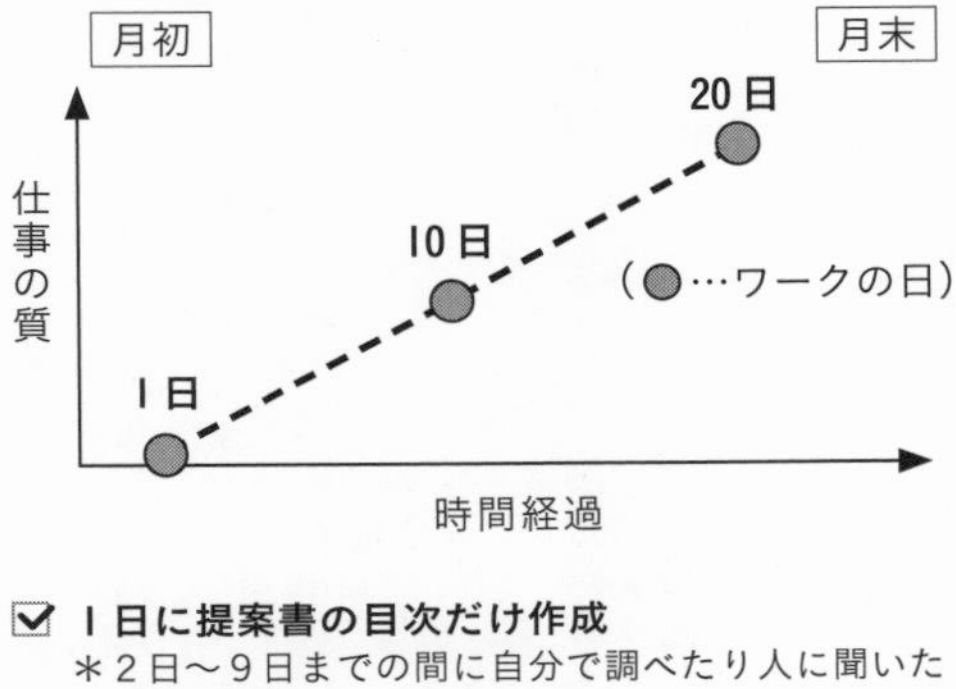

- ☑ 1日に提案書の目次だけ作成
  ＊2日〜9日までの間に自分で調べたり人に聞いたりネタ集め
- ☑ 10日に提案書の半分まで作成
  ＊11日〜19日までの間に残りの課題を解決する方法をネタ集め
- ☑ 20日に完成、翌日に提出

Bさんは、自分で色々と調べたり、人に聞いたりしながら他者を巻き込んで、提案の品質を上げています。そして、納期よりずいぶん前に提出。しかも、提案の品質を上げる過程で得た知識・ノウハウが自分自身のレベルアップにつながる。

読者の皆さんにはBさんになってほしいのです。そして、そのための一歩目が、目次だけでもよいので、早く手をつけることです。そうすれば、そのタスクを意識するようになり質を高める行動が生まれます。

②の「重要度は高いが緊急度は低い仕事」こそ、成果につながり、自分自身のレベルアップにつながるプロジェクト。フロントローディングという方法で、これを優先していきましょう。

納期を管理せず「提出日」を管理する

離れた場所で働くようになると、上司は部下の仕事の納期を、これまで以上に気にするようになります。近くにいないため、どのくらい進んでいるのか把握できないからです。そんな状況下で、納期遅れを起こすと、「納期に間に合わない部下」というレッテルを貼られ、細かな報告が求められるようになります。そうなったら大変です。納期管理は、これまで以上に厳格に行わなければなりません。

そのための、ごくシンプルな方法が納期を管理せず、提出日を管理するという方法です。

次の例を見てみましょう。営業マンが上司から3月末までに来期の営業戦略を提出するように求められたとします。

A　普通の人
スケジューラーの3月31日に「営業戦略納期」と入力

B　提出日を管理する人
3月中旬〜下旬の自分の予定を見て、3月25日に「営業戦略提出」と入力

多くの人は、普通の人のように、納期の3月31日を意識し、作業をします。これだと、間際になってトラブルがあったら、納期遅れに直結してしまいます。間に合わせられたとして

も、月末の忙しい時にかなりの負荷がかかった中で、必死に納期に間に合わせるという行動になり、大変です。

一方、提出日を管理する人は、スケジュールが詰まっている月末の納期を避け、その前に**自分なりの「提出日」を設定します。**そして、そこをゴールに進めます。スケジューラーに、本当の納期は入力しません。気にする必要はないからです。あとは、提出日に向けて作業をし、予定通りに仕上がれば前倒しして納品できます。これは、喜ばれます。納期が近づけば、上司は「大丈夫だろうか」と気にし、進捗の確認をしようかと考えはじめます。たった数日早く出すだけで、上司は心配せずに済み、部下の印象もよくなるわけです。

しかし、いつも「提出日」通りにいくわけではありません。仕上げるつもりだった日に、緊急のトラブル対応が入ることもあります。その時、はじめて本当の納期を思い出し「よかった。あと5日ある」とホッと胸をなでおろし、残った期間でワークすればよいのです。

この方法は皆さんの「自分一人でする仕事」の納期管理に、そのまま使えます。いつも納期を前倒しして提出することを続けていると「仕事が早い人」という印象を与えることができ、自分も納期に追われることがなくなり一挙両得です。

前項のフロントローディングに、この提出日管理を加えれば、納期管理は万全です。合わせて実践しましょう。

成果をあげにくい仕事は上手に放出する

コロナ後の時間管理の基本戦略は「成果が見える仕事に、より多くの時間を投入する」ことです。そのためには、これまで紹介した方法のほかに、成果が見えにくい仕事を放出するという根本的な作業も必要です。これは、他者も関わるため、簡単にはいきませんが、うまくいけば、得るものが大きいもの。手順は次のようになります。

①放出ターゲット業務を選ぶ
②放出シナリオを作る
③上司を説得する
④放出のための引き継ぎを行う

放出ターゲット業務は、自分の担当している仕事の中で、比較的パターン化されていて、量の多いものがメインになります。そういうものは、投入する時間や流す汗と、評価が比例しません。

問題は次の放出シナリオ作りです。説得相手は上司です。単純に「忙しいのでこの仕事を他者にまわしたい」と言ったら、「みんな忙しいんだ」と即却下されます。多くの上司は、担当を変えることにリスクを感じ、それを避けようとします。

だから、上司のメリットになる提案が必要です。上司のメリットになることは、3つあります。

- ☑ **チーム業績が上がる**
- ☑ **チームとして新しいことに取り組める**
- ☑ **上司が抱えている仕事が減る**

このような条件にあてはまる仕事を担当する提案をします。そういった仕事で成果をあげれば評価に直結します。それに、そういう仕事は自身のスキルアップにもつながります。評価されにくい仕事を放出し、評価される仕事を得る、自分の担当業務のリストラです。

なお、放出する仕事については、自分なりに移管する相手もイメージしておきましょう。

最後は、上司の説得です。話す順番としては、引き受ける仕事から先のほうがよいでしょう。

△「この仕事の担当をはずしてほしい。そして、こういう仕事をやってみたい」

○「こういう仕事をやってみたい。そのために、この仕事を他に移したい」

後者のほうが前向きな印象になり、説得しやすくなります。

めでたく交渉が成立したら、次は引き継ぎのための作業が待っています。スムーズな引き継ぎのためには、引継書を次のようにパターン化しておくことが有効です。

①その仕事の意義
②その仕事の前工程、後工程を含んだ業務フローチャート
③主担当業務の詳細

業務フローチャートは、専門の記号を使ったものでなくて構いません。大きな目で見た、仕事の流れが図示されていれば大丈夫です。

このような引継書を作り、移管すればスムーズにことが運びます。せっかくですから、上司にも「こういう引継書を作って移管した」と報告しておきましょう。「きちんと引き継ぎをしている」という印象を与えられます。

評価の上がる仕事を自分に引っ張ってくることも、コロナ後の重要なポイントです。与えられた仕事を受け身でやっている人に、大きく差をつけるチャンスなのです。

時間ドロボーを退治する指示の受け方

「終わった」と思った仕事を上司に提出したら、大きな修正を命じられる。そこにかかる工数は、時間の無駄になります。それに、作業のモチベーションは上がりません。時間ドロボーの被害にあうわけです。

上司としても、「出てきた」と思ったものが想定とは異なると、修正指示をし、再提出を待たねばなりません。このように「仕事のやり直し」は上司、部下双方にとって望ましくないものです。

多くの場合、**仕事のやり直しは発注者と請負者の間で、ゴールイメージが共有できていないことから起こります**。これまでもそういうことはあったでしょう。ただ、職場にいれば、発注されたタスクに関し、上司に「例の件、こんな感じでいいですかね」と見せて軽く確認することもできます。また、自席のそばを通った上司がパソコンの画面を見て「これ例の件？」と声をかけてきて、そこでイメージのギャップが埋められるかもしれません。しかし、上司と部下が離れて仕事をするようになると、そういった機会が少なくなります。その結果、イメージのギャップが放置され、やり直しになり、無駄な時間が増えてしまうということになりかねません。

時間管理において、「作業前のイメージあわせ」が、より重要なポイントになってくるのです。どうすればよいか考えましょう。

ゴールが共有できない原因は2つあります。ひとつは、ゴールイメージがあいまいなまま仕事を受けてしまうことです。これが一番多いのですが、ゴールイメージを明確にしたにもかかわらず、イメージにズレが生じることがあります。それは、発注者が自分の言ったことを忘れてしまい、完成後に予定になかったことや、当初と矛盾することを言ってくるというケースです。そういう場合、パワーバランスは発注者のほうが上。押し切られ、泣く泣く作り直しということになります。

これを防ぐカギは、**仕事を請け負う時に完成予想図を作る**ことにあります。

例えば、上司から「来週中に、コールセンターのクレーム情報を分析して、問題解決のプランを作ってくれ」と言われ、クレーム情報が大量に入力されたエクセルファイルを渡されたとします。

ここで、「わかりました」と引き受け、1週間後に「できました」と提出したら「イメージと違う」とやり直しの指示が出てしまう可能性は大きい。発注者と請負者のゴールイメージが共有できていないとこうなってしまいます。「だったら最初からそう言ってくれれば」と言っても後の祭り。

ポイントは指示を受けた時に、完成予想図を出すことです。完成予想図といっても、5分ぐらいで作る殴り書きでOK。精度を出す必要はありません。A4コピー用紙を4つ折りにして、手書きで左のような図をつくります。

■完成予想図例

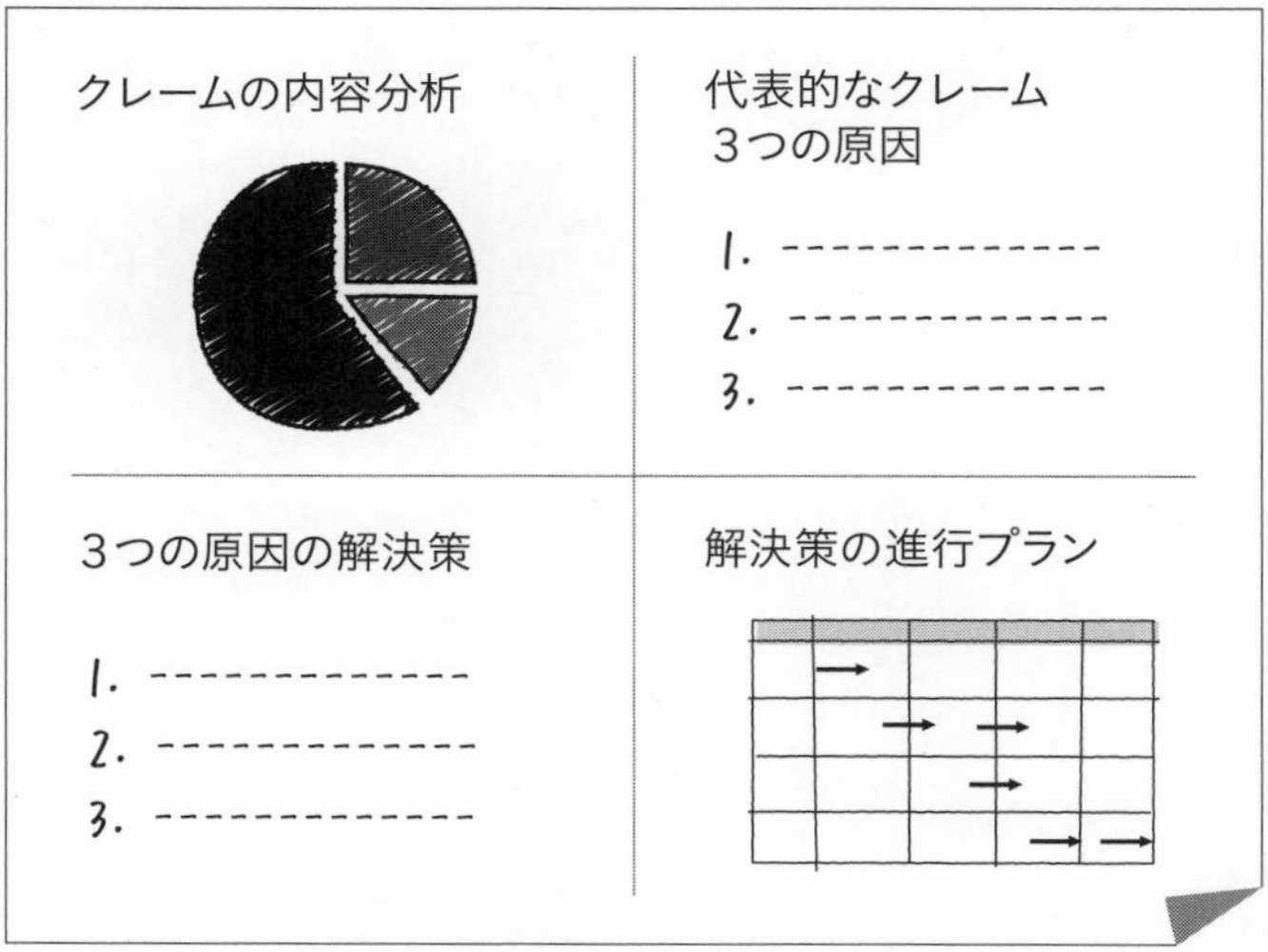
クレームの内容分析
代表的なクレーム
3つの原因
1.
2.
3.
3つの原因の解決策
1.
2.
3.
解決策の進行プラン

これを上司に見せます。上司が「うん。こんなイメージでやってくれ」と言えば、仕事は8割終わったも同然。ポイントになるのは、このアクションを指示を受けてから15分以内に完結することです。

というのも、言ったそばから忘れる、気が変わるといった上司もいるからです。このアクションを最初にやっておけば、「イメージと違う」となることを防げます。

そうしておくことで、他にもメリットが得られます。完成予想図でイメージを共有していても、内容を忘れたり、気が変わったりする上司がいます。そうしたら、改めて完成予想図を見せ、やんわりと「先日ご指示いただいた際、このように確認させていただいたのですが……」と言えるということです。

上司はそこで「しまった！　そうだった」と思い出します。それでも、修正を求めてくる可能性はありますが、「いや、言っていることは同じだから、ここをこうしてもらうだけでいいんだ」と修正範囲を小さくしてくれます。

上司・部下が離れて仕事をする環境だからこそ、**早めにゴールイメージを共有しておくこと**を習慣にしましょう。

自分のプライムタイムを知ることで生産性を上げる

以前の1日の過ごし方は、始業時間にあわせて通勤し、朝礼後に自分の仕事をはじめ、終業の時間をむかえ、状況により許される範囲の残業、というルーティーンの人が標準的でした。始業、終業という決められた時間を意識しながら、職場の動きにあわせて1日を組み立てていたわけです。

一方、テレワーク環境下では、時間の使い方の自由度が高くなります。自由度を利用して、最も自分の生産性が上がる1日を自分で組み立てることができるというチャンスである一方で、メリハリのない1日を過ごしてしまうというリスクもあります。

ここでは、自分の1日をどう組み立てるか考えましょう。

1日を組み立てる上で、**最も重要なことは「今日の大事」を決めることです。**「今日、何を成し遂げたら自分は満足できるのか」ということをイメージするわけです。

「商談、プレゼンなどをいい形で終える」といったイベント型のものだけでなく、「たまってきた細かい仕事を片付けてスッキリした状態にする」といったことも「今日の大事」になり得ます。1日が終わった時、満足感を得るためには、まず今日の大事を決めておくことが重要ということです。

その上で、1日の時間の使い方に関しては「プライムタイム」という考え方が有効です。プライムタイムとは、自分が「ノッて仕事ができる」時間帯のことです。

たいていの人は午前中に1時間、午後に1時間程度、それがあります。まずは、自分のプライムタイムが何時からなのか、意識してみましょう。特に記録をとらなくても、「この1時間はノッて仕事ができたな」という時間帯を覚えておくだけでOKです。

プライムタイムがわかったら、その時間帯は「一人でする仕事」を優先します。そして、その時間帯は「質を上げる仕事」「量をこなす仕事」をしましょう。私の場合、プライムタイムとそうでない時の生産性の違いは3倍ぐらいあります。その時間帯を、他者との打ち合わせや、優先度の低いメールへの返信、なんとなくメッセンジャーを見ている時間に使ってはもったいない。大切に使いましょう。

例えば、朝、上司から「今日、プロジェクトの進行状況について、30分ぐらいオンラインミーティングをしたいのだけど何時頃がいい？」と聞かれた時、「何時でもいいです」と答えるのではなく、プライムタイムを除いた時間帯を提示します。

そして、上司との打ち合わせは、なるべくプライムタイムの後にしてもらいます。上司との話し合いでエネルギーを使った後だと、プライムタイムでいつものように能率が上がらなくなるからです。そうなってしまったらもったいない。

自分のプライムタイムがわかると、1日のスケジュールが組みやすくなります。仮に、午前10時から11時までが自分のプライムタイムだとしましょう。自分はプライムタイムをどう迎えるのがよいかを考えます。例を挙げてみましょう。

Aさん 30分ぐらい、軽めのメールに返信しウォーミングアップをしてから
Bさん 1日のスケジュールを確認したら、すぐ
Cさん コーヒーを淹れてから

など、自分がプライムタイムをどう迎えるかを基準にルーティーンを作ります。そうすれば、自分にとって理想的な時間の使い方が見えてきます。それをニューノーマルにすれば、確実に能率は上がりますし、オンとオフの切り替えを、どこでどのようにすればよいか、見えて

きます。

プライムタイムは、個人によって異なりますし、何時でもよいのですが、ひとつだけ問題になるのが、午後のプライムタイムが「深夜」である人です。

テレワーク環境でもシステムを使い社員の労働時間を管理する企業が増えつつあり、深夜労働は認められないケースがでてきています。

また、深夜にプライムタイムを設定すると、仕事の時間帯がチームメンバーと大きくズレて、連絡がとりにくくなるといった弊害が発生しがちです。深夜にプライムタイムがある人は、新しい習慣が固まる前に、プライムタイムの調整に取り組んではどうでしょう。

これからは、よりよい1日の組み立てを、自分自身ですることが重要になってくるのですから。

上司に自分の3つの時間の使い方を知らせる

これまで、1日の有効な時間の使い方を考えてきましたが、上司と離れて働く環境下では、それを上司に知ってもらう必要があります。いくら自分が有効な時間の使い方をしていても、それが上司に伝わっていないと「サボっているのではないか」「働きすぎていないか」という心配は解消しません。

だからといって、始業から終業まで何をやっていたか、こと細かく知らせていたのでは、仕事が増えてしまいます。

では、どうすればよいか。ここは、上司目線で考えてみましょう。**上司が気にする時間は、「スタート」「エンド」、そして「その間」の3つです。**スタート、エンドの知らせ方については、それぞれの職場でだいぶ対応が進んできました。出退勤システムにアクセスする、チームの出退勤用の「チャンネル（またはチャネル）」にひとことコメントする、上司に短いメールを送るなど、効率よくスタートとエンドを知らせる方法がとられるようになりました。

ただ、上司としては単に出退勤システムを見て「仕事をはじめたな」と確認するだけではない不安が残ります。疑い深い上司は「出退勤システムだけスタートにして遊んでいるのではないか」と思うかもしれません。

上司層の方に聞いたところ、ひとこと、メッセンジャーやメールで「おはようございます。業務開始します。本日午前はA社へのプレゼン資料作成、午後はB社との打ち合わせ、C社の進行管理をメインに進めます」というコメントをもらうだけで、かなり安心感があると言っていました。

「週間予定を出しているから不要じゃないか」と思うかもしれませんが、複数の部下を持つ上司は、毎日、個別に部下の予定を確認する可能性は低いので、サービスだと思ってやりましょう。

エンドについては、上司層の方からこんな話を聞きました。

「『業務終了します』というメッセージだけだと、困ることがあります。メッセージがあって、その部下に伝えるべきことがあったと思い出すことがよくあるからです。単に『業務終了』と言われると、そこから連絡するのもどうかと思ってしまいます。一方で、業務終了の前に『本日は、あと30分ほどで業務終了します』というような予告メールを送ってくれる部下がいます。そうしてくれると、『急いで連絡しなくては。あまり時間をかけさせるわけにはいかない』というようにできるので助かります」

上司の中にはこのように気を遣う人もいます。**「終了予告」メッセージは、良いサービス**

と言えるでしょう。

さて、残る問題はスタートとエンドの間の時間、つまり業務中の時間の使い方をどう知らせるか、ということです。

まず、上司が気にするのは、週間予定です。週末に次週の週間予定を知らせる、あるいは、週初めに今週の週間予定を知らせるというケースが多いのですが、その際、気になるのは予定がスカスカの部下です。

予定が入っていない部下がヒマとは限りません。よくあるのが、顧客との打ち合わせ、チームミーティングなど、イベントしか書かないケースです。それでは上司が心配しますので、「自分一人でする仕事」の予定も入れておきます。これを機に、週間予定を濃く作るように変えていきましょう。

次に上司が気にするのは1日の使い方です。これに関しては、ある程度、自分のルーティーンを知らせておいたほうがよいでしょう。「イベントがない限り、朝は9時からスタートし、10時頃までは各種の連絡にあて、昼間は企画系の仕事を中心に進め、午後は顧客との打ち合わせ、打ち合わせでもらった宿題の対応をする」といった、標準的な1日のルーティーンを知らせておきます。

たぶん、知らせても上司は忘れます。だから、標準的なルーティーンを簡単なタイムテーブルにしておき、時々見せて復習してもらうとよいでしょう。ルーティーンを知っていれば、上司は「午前中、彼は企画系の仕事をしていることが多いから、電話は夕方にしよう」「夕方、彼女は打ち合わせの宿題対応がメインだから、支援できることがないか一声かけてみよう」というように、あわせてくれるかもしれません。

これらのことは、面倒に感じるかもしれません。ただ、自分が仕事をしやすい環境を作るのも仕事のうち。離れて働くからこそ、このようなことが大切になります。

出社とテレワークのベストバランスは？

コロナ後、チーム単位で出社のバランスを取るという職場が増えました。「1日に出社していいのは同じチームから3人まで」「個々のチームメンバーは週あたりマックス3日まで出社可能」といったルールです。上司としては、第一に「基準をオーバーしないように」ということを考えます。そして、基準さえオーバーせず、メンバー間に極端な出社の偏りが発生しなければ、あとは部下の希望に沿って決めればよい、と考えるものです。部下としては、好きな時に出社できるほど自由ではないが、ある程度希望も言えるという状況です。

この出社日について、「テレワークと出社の割合を自由に自分が決めてよいとしたら、どうしますか?」と聞くと、多くの人が「週に2日は出社、3日はテレワークぐらいがいい」と言います。

毎日出社したいという人は少数派。満員電車など通勤の苦労がない在宅勤務の快適さを知ってしまったいまとなっては、毎日行きたいとは思わないのでしょう。一方で、毎日テレワークという人も少数派。多くの人が、会社に行く意味も感じているようです。

「週に2日ぐらいは出社がいい」という人に理由を聞くと、「そのほうがメリハリがつきそう」「職場の施設を使いたいことがある」ということのほかに、「雑談的なことから思いつくことがある」という話が出ます。

出社とテレワークのバランスを考える際、**この「雑談」という要素は案外大きい**ものです。

コロナショック以降の経験で、多くの人が、「こなす仕事」は明らかに在宅などテレワークのほうがはかどるという実感を持ちました。一方で、「新しいことを生み出す」という点では、他者とのリアルコミュニケーションがあったほうがよい、と感じている人が多い。

実は、それは企業側の考えとも一致しています。仕事でご一緒する企業の経営幹部がこんなことを言っていました。

「作業的なものは、テレワークのほうが能率が上がる。ただ、新しいことを生み出すには人と人のコラボレーションがあったほうがいい。会社は、新しいものを生み出すための器としてあればいい。だとすると、そんなにいい場所に、大きなオフィスを構える必要はない。今後、経済もしばらく縮小する。その意味からも、固定費を削減できるオフィスの移転と縮小を、具体的に考えている」

このように、会社も社員も大枠では一致しています。これからは、そのような方向に進むことが十分に考えられます。

また、新しい考え方として、「アクティビティー・ベースド・ワーキング（ABW）」というものが出てきています。これは、本社・支社などのオフィスか、在宅かという仕事環境の選択肢のほかに、サテライトオフィスを設け、社員が仕事の目的に応じて、働く場所を選べるというやり方です。

このような状況下で、私たちは、**より目的を意識し、働く場所を選ぶ必要が出てきます。**例えば、「会社は新しい仕事を作るため『しかけ』に行くところ」「自宅などはその仕事をこなすところ」という意識を持つといったことです。

だから、会社に行って黙々と作業だけをしていたらもったいない。他者との会話の中から、新しいアイディアや企画のタネを見つける。コラボ企画を探してくる、問題解決のヒントを得てくる。そういうつもりで出社してはどうでしょう。

そしてもうひとつ。出社したら、テレワークをしていない社員に感謝とねぎらいを伝えましょう。例えば、総務・経理など郵便物がくるために、毎日出社している人がいます。そういう人が、郵便物をテレワークの人々に転送してくれたり、必要な備品を送ってくれたりすることがあります。その人達に感謝とねぎらいを述べる。これは、ビジネススキルというより人としてやっておきたいことです。

自分磨きの新戦術

コロナ後、「会社の研修や公開セミナーに参加する機会が減った」という話をよく聞きます。リモートの研修や、オンラインセミナーは増えましたが、全般的にスキルアップのための機会が減っているのが実態です。また、「対人関係が広がらず、啓発されることも減った」という声も聞きます。

このような状況について、企業も課題と感じているものの、厳しさを増す経営環境の中で、「そこまで手が回らない」というのが実態です。企業のホンネは「スキルアップは、自分でやって」ということでしょう。私たちは、主体的な自分磨きのアクションを求められているわけです。

これから、業界、事業の再編が進み、アウトソーシングやAIの導入で、社員数をスリム化するということが身近に起こってきます。そのような状況で、必要な人材として生き残るためにも、継続的なスキルアップは欠かせません。

ただ、その方法はというと、オンラインセミナーに参加する、本を読む、といったことしか思い浮かばないという人が多いもの。そんな方にお勧めしたいのが「副業」です。

コロナ後、週休3日制の導入を検討する企業が増え、それとセットで副業を解禁するケースが増えてきました。その裏には「社員に減収を受け入れてもらう代わりに、副業を認める」ということもあるようです。

このような状況下で、ビジネスパーソンが「増えた自由時間を使って減収対策をしよう」と考えると、「副業」がリアルな選択肢になってきます。

ただ、副業の意義は、減収対策だけではありません。副業を通じ、「自分の世界が広がる」「いま持っているスキルが磨ける」「新たなスキルが身につく」というスキルアップ効果があり、むしろそちらをメインの目的にしたい。それは選別される時代の中で、必要な人材として生き残っていくことにつながるからです。

ここで言う副業のイメージは、例えば、「企業のＷＥＢデザイナーが異業種のＷＥＢデザインを手がける」「マーケティングの仕事をしている人が、異業種のマーケティングに参画する」といったものです。

このような副業を得るための競争は、激しく大変です。ただ、その分、「他流試合」的な経験ができるというメリットが得られます。「社外で必要とされる人材」であることが証明できれば、「社内での生き残り」にも大きな自信がわきます。

「副業は考えたいけど、何をやればいいかわからない」という人は、「週末起業」などをテーマにしたフォーラム（有料）に入会し、そこのサービスを使い、自分にあった副業を考えるという方法もあります。

本業に支障が出ては本末転倒ですが、両立できるならば、副業には様々な自分磨きの可能性があるのです。

※　第3章「時間管理で最も重要なのは自分一人でやる仕事」、「自分のプライムタイムを知ることで生産性を上げる」については、一般社団法人　日本タイムマネジメント協会　代表理事　行本明説さんの理論を参考にさせていただきました。

Column

企画・開発部門の新基準

ニーズ対応からシーズ開発へ

企画・開発を仕事にしている人から「新しい企画のアイディアがなくて困っている」という話をよく聞くようになりました。これまで、社内の雑談からヒントを得ていたのが、離れて働くようになると、そういうヒントを得られる場が少なくなり、それが思っていた以上に企画に響いているそうです。

もともと、企業の企画・開発スタッフの多くは、純粋に自分の発想から新しいものを作り出していたわけではなく、営業や顧客から投げられてくるニーズに対応しつつ新しいものを生み出していました。しかし、これからは企画のタネ（シーズ）を自分が動いて見つけ出す必要が出てきます。

例えば、営業部門のオンライン会議に参加させてもらう、といったことです。これまで、営業部門のリアル会議にゲストで参加するということは、ハードルの高いことでした。そこにいれば異分子として目立ちますし、視線も感じます。でも、オンライン会議なら、さほどそういったプレッシャーもなく参加できます。また、あえて出社し、多くの人々と雑談をするなど、企画のタネを作るための主体的な行動が求められるようになってきます。

そうやって、活動し、新たな企画を生み出したとしても、さらなるハードルがあります。いま新しいことを動かすには、以前よりエネルギーが必要な状況になっています。営業サイドでは、新規顧客を獲得する、新規商談を生み出す、といったことが難しくなっており、従来からの継続案件で業績を上げる傾向になっています。そんな状況下で、新しい企画に対する優先順位は低くなりやすいのです。

そうなると、優れた企画を生み出すだけでなく、企画を通すための説得力も、上げていくことが求められるようになるわけです。

このような状況は、他部門の人々にとってチャンスでもあります。

企画・開発部門と連携するのは、営業、製造、制作といった部門です。営業の人々は、企画・開発部門がシーズに困っているということをチャンスととらえ、自分のアイディアをぶつけてみてはどうでしょう。

製造、制作部門の人々の中には、「こう設計してくれれば、不良もコストも減らせるのに」と思いながら日々過ごしている人もいるはずです。そういった考えを、反映させられるチャンスでもあると考えてはどうでしょう。

企画・開発部門と関連する他部門が連携しながらシーズを生み出すことが、企業の大きな課題になっています。

第4章

しかけて発揮！「チームワーク」の新基準

チームワークをめぐる“つぶやき”

“メンバーが離れて仕事をするようになってから、チームワークは難しくなりました。一応、メッセンジャーでやりとりはしていますし、週に1回オンラインミーティングもやっているのですが、チームという実感は薄くなりましたね。

単に個人の成果の合計でしか、チームの成果が出せない状況はよくないとは思っています。次世代リーダーの育成も、若手の育成も進みません。どうすればいいのか……。”

〈上司〉

“最近、チームの一員という実感がなくなってきました。他のメンバーが何をやっているのか、よくわかりません。上司からは、「後輩指導もしてくれ」と言われているのですが、どう関わっていけばよいのか……。”

〈部下〉

チームリーダーの意図はワンオンワンミーティングでつかむ

テレワーク環境で、チームワークをいかに実現していくか、多くのチームリーダーが苦心しています。

本来、チームが機能する要素として必要なのが、**「共通の目標」「メンバーの貢献意欲」「コミュニケーション」の3つ**だと言われています。

顔をあわせていても、この3つがきちんと実現されている職場は少数派。それが、離れて働くとなると、さらに難しくなります。

チームに共通の目標があったとしても、個々のメンバーは目の前の自分のタスクばかりを見ていて、チーム目標に対する意識が薄くなります。自分が「城」を作っていることを忘れ、「目の前のレンガを積むことが仕事」だと思ってしまうようなものです。

チームの一員であること、チームへの貢献が必要という意識も希薄になり、コミュニケーションも不足がちになります。顔をあわせていても難しいチームワークがテレワーク環境下では、益々難しくなるわけです。だからこそ、**チームワークに向けたアクションは光ります。**

この章では、チームにどう関わっていけばよいか、考えます。

チームへの関わりの一歩目は、チームが機能するために必要な「共通の目標」についてです。チームには年間目標、半期の目標など公式な目標があります。そして、**目標の背後には、チームリーダーの意図があります。これをきちんと把握できているかどうかが、メンバーの仕事ぶりに影響してきます。**

例を挙げます。以前、私の会社で商社のショッピングサイトを構築、保守していたことがありました。このサイトを運営していた商社のチームは、リーダーのもと3名のメンバーがいて合計4名。目標は年間売上10億円でした。

3名のメンバーは、当然、年間10億円という目標は知っています。ただ、打ち合わせなどで、リーダーやメンバーと個々に話をすると、その目標に対する想いはずいぶん違っているという印象を受けました。

リーダーは、会社全体の売上が伸び悩む中で、経営トップから「ショッピングサイトを会社の成長の柱にしてほしい」と言われており、そのシンボルとして今期の10億円をとらえていました。しかし、メンバーは単に「やらなくてはいけない数字」としか見ておらず、リーダーの意図は伝わっていませんでした。これは、チームとリーダーにとって、もったいないことなのですが、メンバーにとっても、もったいないことです。

メンバーが「会社の未来は自分たちにかかっている。その期待に応えるのが今期の10億円なのだ」と思えれば、モチベーションが上がり、それが仕事に向けたエネルギーになるからです。

このように、目標を知っていても、それだけでは共通の目標になっているとは言えないのです。だからチームメンバーである私たちは、自分のためにも目標の背後にあるリーダーの意図を知っておく必要があります。

日頃、顔をあわせていれば、リーダーとの雑談の中で、リーダーから「今期の10億円は確かにきついけど、社長からも会社の成長の柱にしてほしいと言われているんだ」と雑談の延長で聞くことができるかもしれませんし、「今期の10億円という数字について、リーダーはどのような考えを持っているのですか」というように尋ねることもできるでしょう。

しかし、リーダーとメンバーが離れて働くようになると、そのような雑談の場が少なくなります。リーダーから全員に向けた「正式発表」のようなものだけしか入ってこなくなり、ホンネの話や裏話が入りにくくなるのです。

だから、こちらから働きかけて、目標に対するリーダーの意図を知る必要があります。そのために、最もよいのはリーダーとの「ワンオンワンミーティングの場」です。

それが、定期的にあるならば、その時に聞いてもよいのですが、定期的にないようならば、こちらからお願いして聞きましょう。

こちらからお願いする場合でも、「今期の目標について、リーダーのお考えを聞きたいので30分お時間をください」というのは、不自然です。「今期の目標に向けた自分の役割について、確認したいことがあるので30分お時間をください」といった表現のほうがよいでしょう。

割り当てられた自分のタスクに関する質問だけでなく、チーム全体の目標に向けた話題について会話をもちかけること自体、チームに対する貢献の姿勢を感じさせます。

そして、その会話の流れの中で、リーダーの今期の目標に対する想いを自然に聞き出すことができます。

そのワンオンワンミーティングは、可能ならばビデオ会議システムのほうがよいでしょう。やはり、リーダーの表情が見えたほうが、言葉以外の情報（ノンバーバル情報）が多く得られます。

テレワーク下では、リーダーの意図はこちらから取りに行く、という姿勢でいきましょう。

フォロワーシップの発揮はメッセンジャーで

チームが機能するための2番目の要素、「メンバーの貢献意欲」に関連し、「フォロワーシップ」という言葉があります。**フォロワーシップとは「チームの目標達成のために、リーダーや他のメンバーに向けて発揮する補佐力」**です。

メンバーが離れて働く状況で、チーム運営が難しくなる中、当然リーダーはメンバーにフォロワーシップの発揮を期待します。ここでは、フォロワーシップについて考えましょう。

最初に問題です。フォロワーシップにおいて、最も重要なのはなんでしょう？　次の○の中に言葉を入れてみてください。

「○○性」

こう尋ねると、「協調性」という答えが返ってくることが多いもの。それも重要ではありますが、**最も重要なのは「主体性」です。**それは、自主性、積極性という言葉に置き換えてもよいでしょう。頼まれて手伝うのはフォロワーシップとは言えないということ。「手伝いましょうか」とこちらから言い出すのがポイントです。

こちらから、手伝いましょうかというアクション。職場では他者の目が気になって言いにくいという人もいます。「スタンドプレーだ」「その前に自分の仕事をちゃんとしろ」と思われるのではないかと心配するわけです。

そういう人こそ、新しい環境がチャンスです。テレワーク環境で、よく使われるのがslackやTeamsなどのメッセンジャーツール。そこに書き込む際、いつもより人目が気にならない、という人が多いもの。人目の気になり度は、

リアルミーティング ＞ ビデオ会議 ＞ メッセンジャー という順です。

人目が気になるタイプの皆さんにとって、メッセンジャーはフォロワーシップを発揮しやすいツールなのです。

例えば、顧客との会話の中で業界に関する情報を聞いたとします。「他のチームメンバーも知っておいたほうがよいかもしれない」と思ったら発信する。これだけでも、立派なフォロワーシップのアクションです。

また、チームメンバーから「〇〇について、誰か知っている人がいたら教えてください」

という投稿があったら、直接その答えにならなくてもリアクションをする。「誰か」という自分に対する投げかけではないものに、リアクションするのもフォロワーシップの行動です。

メッセンジャーを舞台にフォロワーシップを発揮することは、リーダー、チームへの貢献だけでなく、評価が上がる、という自分自身のプラスにもなります。

第1章でも述べましたが、管理職・リーダーなどの考課者は、本来日常的な部下の行動記録を残し、それをもとに人事考課を行うことを求められています。しかし、それを実行している人は少なく、印象で考課が行われてしまうことが多いのが実態です。

しかし、これからの時代、考課者は「メッセンジャーの発言を見返して考課する」ということをするようになります。考課の材料としてメッセンジャーで何を発信したか、がこれまで以上に影響してくるということです。

メッセンジャーを舞台に後輩指導を実践する

上司の皆さんから「テレワーク環境で、新入社員をどう育成すればよいか悩んでいる」という声をよく聞きます。新入社員や経験の少ない若手社員をどう育てるのか、がコロナ後の大きなテーマになっていることがわかります。

この課題は、管理職だけでは解決できないもの。先輩社員である皆さんの出番です。

ただ、この後輩指導は、意識していても職場で実践するのは難しい。最初に悩むのが、「職場にいる後輩のA君を指導するのは自分の役目なのか？」ということです。職場には上司も先輩もいます。「そういった人を差し置いて、自分が指導するのはどうなのか」という遠慮があるわけです。

最近の職場は特定の指導担当は置かず、「新入社員や若手はみんなで指導する」という方針にすることが多くなっています。これが、結果的に指導への関わりを難しくしている面もあります。いっそ、上司から「新入社員の○○さんの指導担当は、君がやってくれ」と公式に言われたほうが、はっきりして取り組みやすいのですが、なかなかそうはなりません。上司も特定の人に負荷をかけることを望まないからです。

こうして、「みんなで指導」のみんなの一員として、出過ぎないように後輩に関わるという遠慮がちな意識になってしまいやすい状況です。

でも、その状況が続くと、いつまでたっても後輩指導というスキルが身につきません。それは、今後リーダー、管理職となっていく上で、大きなハンデキャップになってしまいます。

この状況を変えていくのがメッセンジャーを舞台にした後輩指導です。

前項でも述べましたが、メッセンジャーでの発言は、さほど他者の目が気にならないという特徴がありました。遠慮の気持ちも薄まります。

ある企業の管理職からこんな話を聞きました。

「職場で毎日顔をあわせていた時は、後輩の面倒を見ているシーンがなかった中堅の先輩社員が、メッセンジャーでは結構アドバイスをしている。そうかと思うと、職場では、しょっちゅう話しかけて面倒を見ていたような先輩社員がメッセンジャーではまったくフォローをしている様子がない。環境が変わってから、後輩指導という点で、ふたりのイメージは逆転した」

似たような話は、他社でも聞きました。メッセンジャーでコメントするだけで、後輩指導に関する上司のイメージは変わるわけです。

もちろん、上司のウケをよくするために後輩指導をするわけではありません。後輩が成長すれば、後輩本人も喜びますし、それがチームへの貢献にもなります。それが真の目的です。では、どのように指導すればよいか、考えてみましょう。

ポイントになるのは**「上司と『育ったイメージ』を共有すること」「問いかけとアドバイスのセット」の2つ**です。

後輩を育てるのは粘土で人形を作るのと同じこと。粘土は、こねているだけで、自然に形になるはずはなく、完成形をイメージしながら作るはずです。

後輩がどうなればよい、という完成イメージがなく、局面でアドバイスするだけでは、粘土をこねているのと同じことで、形になりません。それに、完成イメージがあっても、そのイメージが上司と違っていたら、上司とあなたは異なるアドバイスをしてしまう可能性があります。それでは、後輩も戸惑います。

だから上司との間で、その後輩がどうなればよいか、という育ったイメージを共有する必要があります。

指導の一歩目は、あなたから上司に、「これから後輩のA君の指導もしていきたいと思うので、A君がどうなったらよいか、考えを聞かせてください」と聞くことです。理想は、向こう3年間で、1年後、2年後、3年後、それぞれの到達イメージが共有できることです。

例えば、建築の設備を販売する営業マンならば

【1年後】 一人で探客、商談、契約、納品までできるようになる
【2年後】 得意先を持ち、予算達成できるようになる
【3年後】 自身で提案書が作れ、1億円売れるようになる

といったものです。

次に、その育ったイメージに向け、実際の指導をしていくことになります。当面は、アドバイスが中心になるでしょう。

そのアドバイスは、「問いかけで引きつけてからする」のがポイント。

次のメッセンジャーでの会話例を見てください。

後輩「介護施設のお客さんが安い自動ドアを探しています。何を提案すればよいでしょう」

先輩「A社の一番廉価な自動ドアはどうだろう」
後輩「それでも高いと言っています」
先輩「その予算では自動ドアは厳しいのでは」

いきなりアドバイスするとこんな感じになりがちです。次はアドバイス前にひとつ問いかけをはさんだ例です。

後輩「介護施設のお客さんが安い自動ドアを探しています。何を提案すればよいでしょう」
先輩「お客さんは、どうしてそれを探しているの」
後輩「ドアの閉め忘れが多く、安全上問題になっているそうです」
先輩「それならば、自動ドアだけでなく、手動でも手を離したら自然にゆっくり閉まるドアも提案してみては」
後輩「確かにそうですね。ありがとうございます。そうしてみます」

このように、質問の背景を探れば、回答の幅を広げることができます。問いかける指導は、さらに応用がききます。例えば、上司が今回指導した後輩に対し「自分で考えて行動できるようになってほしい」と思っているとします。そこに向けて後輩を育てるには、自分で考える機会を増やすため、次のような会話にします。

後輩「介護施設のお客さんが安い自動ドアを探しています。何を提案すればよいでしょう」

先輩「お客さんは、どうしてそれを探しているの」

後輩「ドアの閉め忘れが多く、安全上問題になっているそうです」

先輩「だとしたら、安い自動ドアのほかにどんな提案ができると思う？」

というように、アドバイスせずに問いかけ、それでも出てこなければ答えを教えるという手順にします。

問いかけに使う質問は短いほうが効果的です。その点で一文が短くなるメッセンジャーは、問いかけに使うツールとして向いています。

このようにしながら、後輩を育てることで、指導力がつき、そのやりとりを目にした上司があなたの指導力にプラスの評価をしてくれるならば、一挙両得。やってみましょう。

リーダーシップはパワー系から参画型へ

読者の皆さんの中には、「自分はリーダー的なポジションではないのでリーダーシップはあまり関係ない」と考える方もいらっしゃると思います。それは一理あります。

ただ、多くの企業の人事考課項目を見ていると、入社3年を過ぎたあたり、中堅社員と呼ばれるような層から「リーダーシップ」という言葉が登場し始めます。そして、主任・係長層になると、必ずといってよいほど、「リーダーシップ」が評価項目に入っています。

リーダーポジションになっていなくてもリーダーシップが求められるようになるということ。そこで、この項ではリーダーシップを取り上げます。

リーダーシップとはメンバー（他者）に向けて発揮する影響力のことを指します。このリーダーシップについては、コロナ前とコロナ後で求められるものが、大きく変わっています。

コロナ前は、「そこにいる人々に、どう影響を与え動かすか」ということがメインでした。となると、対面コミュニケーションに強い人、声が大きく押しの強いパワー系の人が有利でした。

しかし、コロナ後、メンバーはそこにはいません。そして、個々のメンバーは「チームの一員」という意識が希薄になっています。そこにパワーをかけても人は動きません。しかも、声の大きさ、押しの強さは、非対面のコミュニケーションの中では発揮しにくくなります。

これについて、部下の立場の人からこんな話を聞きました。

「自分の上司は威圧的で、会議でわずかでも上司の発言に異を唱えると、表情を変えてこちらをじっと見るといった方法で圧力をかけるタイプでした。でも、オンライン会議になるとそれまでのような圧力を感じなくなりました。近くにいると威圧感を感じる上司も、画面では小さく映っているだけですから」

対面での威圧感で部下を動かしていた上司は、従来のような影響力が発揮できなくなっているということです。

では、これからのリーダーシップには何が求められるのか。それは、**メンバーにチームへの参画を促し、自主的に行動するよう促す**ことです。

「メンバーの参画意識は低いもの」という前提で、「参画」するようなしかけをする。例えば、チームをどのように運営すればよいか問いかけ、意見を引き出し、それをチーム運営に反映させ、「自分の意見がチーム運営に反映されている」と感じさせる。

また、強い指示で動かすティーチングではなく、問いかけて、答えを引き出し、自ら動くように仕向けるコーチングで指導をする。これまでの「君ならできる」と熱い言葉で語りかけるエネルギッシュなリーダーシップのスタイルから、問いかけ、答えを引き出し「できるかも」と自然に本人に思わせるようなスタイルが主になります。部下が自分の目の届かないところで働く環境では、部下の自主性が何より大切になるからです。

となると、いままでリーダー的なポジションで「リーダーシップが足りない」と言われていた方々にも逆転のチャンスが訪れます。また、これからリーダーポジションになっていく方々で「自分は押しが弱いからリーダーは無理」と思っていた人にも「それならできるかも」という希望がわきます。しかも、そういう方々にこそ追い風が吹いています。

例えば、これまで4万人以上の皆さんとご一緒してきて、リーダーシップ（影響力）不足になりがちな方は、「目を見て話すのが苦手」という傾向があることがわかっています。

そういう人は、相手の目を見ていると気詰まりになるため、うつむきながら話したり、資料に目を落としてしまったりすることから、自信がなさそうに見えてしまい、影響力を発揮できなかったわけです。しかし、非対面になると、その弱点はカバーできます。ビデオ会議では相手の目を見る必要はなく、カメラを見ればよいのです。

それに、これからのリーダーシップでは弁が立つことよりも、相手に話させることが大切になります。これもいままでリーダーシップ不足と言われてきた方にはチャンスです。そういう方は、たいてい話すのは苦手でも聞き上手。素質があります。それに、**ファシリテーションスキルを身につけ、発揮すればよい**のです。

ファシリテーションスキルをどうアップしていけばよいかは、後述します。

チームは固定型からプロジェクト型へ

これまでのチームは、組織図で表され、固定的なものが中心でした。案件ごとに集まり、案件が終わると解散するようなプロジェクト型の進め方は、先進的な企業では標準になっていても、一般的にはあまり浸透していませんでした。

プロジェクトであげた成果の評価方法も明確ではなく、本社、支社のメンバーがひとつのプロジェクトに参加することは、移動のコスト、時間が発生することから敬遠されがちでした。

しかし、コロナショックをきっかけに、slackやTeamsといったコミュニケーションツールが導入されると、その状況にも変化が表れ始めました。それらのツールは、プロジェクト業務が推進しやすいようにできており、使用する場面が増えてくると、人々はプロジェクト型の業務進行に徐々に慣れてきます。

また、離れて仕事をするという状況を経験すると、本社と支社のように距離が離れているメンバーが組むことも支障なくできることがわかってきました。

さらに、個々のビジネスパーソンが個人事業主化し、仕事ごとに自分のスキルを活用するという方向になってくると、プロジェクト型の業務進行が加速することは、十分考えられます。

そうなってくると、**プロジェクトに「呼ばれる」「押しかける」ということが重要になります。** 理想的な状況は、自分の専門スキルを高め、プロジェクトからたくさんの「お声がかかる」ようになることです。それには人脈も大切です。

しかし、そのような状況を発展途上のビジネスパーソンが、すぐに作ることは難しいかもしれません。そのままでは、チャンスが得られませんので、こちらからプロジェクトに「押しかける」というアクションが必要になってきます。

社内のどこに、どんなプロジェクトが発生しようとしているのか目を光らせ、これというものには、自分から参加を希望するというような、「しかける行動」をする必要がでてきます。いまから、プロジェクト型の業務進行に備え、スキルを高め、人脈を作り、その時が来たら素早く動けるようにしておきましょう。

ビデオ会議の発言は1分以内、リアクションとカットインに注力する

コロナショックのはじめ、ビデオ会議が職場に導入されはじめた頃、上司層の方から、こんな話を聞きました。

「ビデオ会議になったら、それまで発言にインパクトのあった声の大きいタイプの部下が存在感を示せなくなってきている気がする。一方で、声が小さく印象の薄かった部下が、しっかりした考えを持っていることがわかった」

これには理由があります。ビデオ会議になると、対面コミュニケーションでパワーの源泉になる声の大きさ、圧力といったものが削がれます。そうなると、いままでインパクトを残していた人は、これまでのような力が発揮しにくくなります。

一方で、ビデオ会議は「話せるのは一人だけ」という特性があります。リアル会議では同時に発声があり、言葉がかぶっても、さほど気になりません。しかし、ビデオ会議で話がか

ぶると、双方何を言っているかわからなくなるため「話せるのは一人だけ」になるわけです。そのため、他者の話に割り込むことがしにくくなり、誰かが話していればその他の人々はじっと聞くことしかできません。必然的に意識は内容に向かいます。その結果、内容の良さが際立ってくるということです。

これまで、リアル会議で存在感が出せなかった人々にチャンスが訪れています。以降は、そのチャンスを活かし、よりビデオ会議で存在感を増していくための方法を挙げます。

ビデオ会議で存在感を増していくためのカギは、先ほどの「話せるのは一人だけ」ということです。

このことは次の3つの場面に影響します。

①自分が話す時
②他者の話を聞く時
③これから自分が話そうとしている時

ここからは、３つのシーンに分けて、ビデオ会議における言動のポイントを挙げます。

最初は、自分が話す時です。ビデオ会議では、誰かが話していると、割り込みはしにくく、待っているしかありません。だから、長い話は嫌われます。

意見を求められたら、**話は1分以内をメドにする**とよいでしょう。では、どうやって簡潔にするか。

お勧めは、**意見を求められたら「私」を主語にして話しはじめる**ということです。例えば、「チームのビデオ会議をどのくらいの間隔で実施するのがよいか」というテーマで話し合いが進んでいて、「週1回がいい」という人と「週2回がいい」という人に分かれたとします。

【悪い例】

司会「君の意見は？」

本人「難しいですね。Ａさんがおっしゃるように、週1だと少し間が空きすぎて、メッセンジャーでやりとりするのに向かないような話がしにくいですし、かといって週2になると、Ｂさんがおっしゃるように、会議に時間が取られすぎてしまうようにも思いますし、どちらもメリット、デメリットがあって……」

この意見、すべて不要です。何も言っていないのと同じこと。時間の無駄と思われても仕方ありません。考えながら話す人はよくこういうコメントをしてしまいがちです。

これを「私を主語に話す」方法に変えてみましょう。

【良い例】

司会「君の意見は？」

本人「私は週2回がいいと思います。相談事がしやすくなるからです。1回あたりの時間を短くすれば会議に費やす時間も増えずにすみます」

「私」を主語にすると、自然と結論から話すようになります。その結果、余計なコメントを省き、簡潔に話すことができるようになります。

このようにして、1分以内に話を終えるようにしましょう。

次は、他者の話を聞く時、どうすればよいかということです。ビデオ会議では、話せるのは一人だけ。実際には聞いている時間が長くなります。その間、手元のスマホを見たくなることがありますが、それは案外バレやすく、やめておいたほうがよいでしょう。では、どうするか。リアクションをしましょう。具体的には、うなずくこと、表情を変えることです。**うなずきは、3倍大きくします**。相手の画面に映る自分の顔は、本来の1／3ぐらいの大きさ。単純に考えると3倍大きく顔を動かさないと伝わりません。せっかくうなずいても、伝わらないのではもったいない。大げさにやりましょう。

聞き手が表情を変えるのは、話し手にとって助かるもの。目安として、話している人と同じ表情で聞くと、「その気持ち、わかろうとしていますよ」という共感のメッセージが送れます。せっかくですから、それが相手に伝わるように、**表情もいつもの3倍大きく変えるつもりでやりましょう**。

最後は、これから自分が話そうとしている時、どうすればよいか、です。特に、いま話している人がなかなか話をやめない時、ひたすら待つだけでは芸がありません。ここでは、有効な割り込みの方法を考えましょう。

例えば、あなたが会議の司会進行をしています。参加者の一人が延々と話してしまっています。さあ、どうしますか。こういう時に、相手の話に割り込む、カットインというスキルがあります。

カットインの原則はリピートです。**リピートは、相手の話のキーワードをこちらが繰り返すこと**。例えば、以下のようにします。

Aさん「いまのような環境は、当社のような業界には非常に厳しく、この先も当面は好転しないと思われ、ならば営業に力を注ぐと言っても、顧客側が営業が来ることを望んでおらず、やりようがないというのが実態で」

司会「なるほど。その『実態』ということについて、少し他の皆さんにも聞いてみましょうか」

このように相手の言った言葉を使えば、発言を尊重していることにもなり、話をさえぎった感じが薄まります。

さらに、このリピートに質問を加えると、スムーズに場の主導権が取れます。

Aさん「顧客側が営業が来ることを望んでおらず、やりようがないというのが実態で」

司会「営業が来ることを望まない、とおっしゃいますと?」

Aさん「それは……、やはり感染症対策ということで」

司会「なるほど。そのへん、他の皆さんにも聞いてみたいと思います。ではBさん」

話している人は、誰かが止めない限り、話し続けられます。場の主導権を握っているわけです。その主導権を奪うには質問が有効です。質問すれば、その瞬間、答えを求めるこちらが主導権を握り、相手は宿題をもらった状態、受け身になります。

質問が長くなると、割り込んだ感じが出ていまいますので、短い方がよいもの。一番簡単なのは、「○○とおっしゃいますと?」「○○というと?」という質問です。これは、相手の話を深く聞き出す、深掘りの質問です。

リピート&質問で自然に相手の話にカットインしましょう。

ここまで、チームミーティングを題材にビデオ会議のポイントを挙げてきましたが、これらは、顧客とのビデオ会議でも同様に活用できるものです。

話は短く、リアクションは大きめ、カットインするならリピート。これらを活用し、今後、益々増えるであろうテレビ会議を得意な場面にしていきましょう。

質問への回答パターンを決めてオンライン会議で評価を上げる

オンラインでのチームミーティング、各種の打ち合わせ、商談では質問への回答が印象に大きく影響します。ビデオ会議では、話せるのは一人だけ。質問に対し、誰かが回答しはじめると、他者はひたすら答えを待ちます。回答者は、内容もさることながら、素早く、簡潔に答える必要があるのです。

こういった状況で不利になるのが、答えを決めずに話しはじめる人です。質疑応答に関し、人は2つに分けられます。答えを決めてから話しはじめる人と、話しながら答えを決めていく人です。

不利になりがちな人は、「いろいろな状況が考えられるので、一概に言うのは難しいのですが」と答えを決める前から、前置きフレーズを話しはじめてしまいます。前置きだけでも

「長い」という印象を与えてしまいますし、着地点を探しながら話し続けるため、話はさらに長くなり、曖昧な結論に終わってしまいがちです。

これを防ぐために、「質問に含まれている言葉を使って最初のフレーズを話す」ことが有効です。そして、質問の種類によって答え方を少しアレンジします。

質問には2種類あります。それは**「クローズ質問」**と**「オープン質問」**です。クローズ質問とは「できるか、できないか」というもので、求められる答えが「できる／できない」と限られているものを指します。一方の、オープン質問は「原因は何か」といったもので、比較的自由に答えられ、場合によっては複数の答えを列挙することもできるものです。それぞれについて答え方のパターンを決めていきましょう。

質問がクローズ質問だった場合、話しはじめは質問に含まれた言葉から行います。例えば、

質問「今週中にできるのか？」

答え「できます。ただし、報告書の提出は来週の月曜にしてください」

同じことを言うのでも「全部は無理だと思うのですが、報告書以外の部分については今週

中にできると思います」では、はっきりしないという印象になってしまいます。

顧客との商談でも

質問「こういう機能はあるのか？」

答え「ありません。ただ、そういう機能を追加することはできます」

少しマイルドに「現状ではございません」という表現にかえたほうがよいとは思いますが、回答の本質は同じです。それを「これから追加することはできるのですが、現状ではそのような機能はございません……」と言ったら、はっきりしない印象になります。

このようにクローズ質問に対しては、質問に含まれた言葉をシンプルに使って話しはじめるようにします。

次に、相手の質問がオープン質問だった場合の答え方のパターンを決めます。その場合も、相手の質問に含まれた言葉を使うのですが、話しはじめにつける言葉があります。答えがひとつならば「ひとことで言うと」から話しはじめ、答えが複数あるならば「○○は2つあります」というように、答えの個数を提示してから話すのがコツです。例えば、質問「この商談には、どんな問題がありそうか」

答え「ひとことで言うと、先方の予算の問題です」（ひとつの場合）

答え「問題は2つあります。ひとつは先方の予算の問題、もうひとつは納期の問題です」（複数の場合）

相手の質問に含まれた「問題」というキーワードを使うという点は同じですが、あらかじめ全体像を提示するために、冒頭でそれを伝えます。

この作戦は、チームミーティング、打ち合わせ、オンライン商談すべてに活用できます。習慣にしてしまえば、質疑応答に強い人になれるわけです。特に、これまで質疑応答が苦手だった人は、ぜひ活用してください。

雑談ミーティング、オンライン飲み会の司会は買ってでもせよ

最初の頃は、物珍しさもあって盛り上がったチームのオンライン雑談ミーティングやオン

ライン飲み会ですが、ここに来て、定着した職場とやめてしまった職場に分かれてきました。

その分かれ目は、ズバリ司会者のファシリテーションスキル、司会進行術です。これがうまい人は、参加者の話をうまく引き出し、場を盛り上げたり、参加者が納得できる結論を引き出したりすることができます。

たいていのオンライン雑談ミーティング、飲み会の進行は上司がしていましたので、盛り上がるかどうかは、上司のファシリテーションスキル次第。上司のファシリテーションスキルの巧拙がはっきりと露見してきたわけです。

ファシリテーションスキルが低い上司を持つ方は、ある意味チャンスです。上司は困っているはずですから、買ってでれば感謝されますし、自分のファシリテーションスキルも上がります。しかも、雑談や飲み会ですからうまくできなくてもリスクは低い。

ここでは、そんな場面で活用できるファシリテーションスキルをどう高めるか、を考えましょう。

雑談ミーティングやオンライン飲み会の進行で最も重要になるのが「質問」です。**ファシリテーションのうまい人は、質問がうまい。**ではどうすればよい質問ができるか。それはオープン質問を使うことです。

普段私たちが質問をする場合、目的は

①自分の知りたい情報を得る
②相手に話させる
③相手に考えさせる

ということ。一番多いのは自分が知りたい情報を得るために質問する場面です。しかし、今回のテーマである雑談や飲み会では、②の相手に話させることがメイン。そのような場合に向いているのが前項でも出てきたオープン質問です。

相手に話させたい時に、クローズ質問は向きません。例えば「最近、ちゃんと食事している？」というのはクローズ質問。答えは「はい／いいえ」のどちらかで終わりがちです。

一方のオープン質問は、自由に答えられるものです。例えば「最近、どんなもの食べている？」と聞けば、「麺類が多いです」と具体的に話す人もいれば、「和洋中、バランスをとって食べています」とざっくりと答える人もいます。

このオープン質問の代表例が、**5W2H。When（いつ）、Where（どこで）、Who**

（誰が）、What（何を）、why（なぜ）、How（どのように）、How many（どれくらい）です。

質問のうまい人はオープン質問を活用します。

例えば、あなたがオンライン飲み会の雑談パートの進行役をするとします。

【悪い例】

司会「最近、嬉しいことがあった人はいますか？」

メンバー「……」

これは、「嬉しいことがあったか、なかったか」というクローズ質問です。これを、オープン質問に変えると、こうなります。

【良い例】

司会「では、最近嬉しかったことは何か？　順番に話していただきます。では○○さんからお願いします」

メンバー「そうですね。強いていえば、飼っているハムスターに子供が生まれたことです」

という感じで、意外な話が引き出せるかもしれません。良い例では「最近嬉しかったことは何か？」というオープン質問をうまく使っています。

ちなみに、最近嬉しかったことというようなテーマは、場が明るくなるよい話題です。そのほか、「最近新たにはじめたこと」というようなテーマも、盛り上がりやすいもの。これらを総称して「グッド　アンド　ニュー」トークと言います。

また、ファシリテーションの上手い人は、あいづち上手でもあります。誰かが何かを言えば、必ず「いいですね」「なるほど」「さすが」とポジティブなリアクションを加えます。

こういったスキルは、実際にやってみて身につくもの。オンライン雑談ミーティング、飲み会といったローリスクな機会を利用し、ファシリテーションスキルをアップさせましょう。

ファシリテーションスキルの巧拙は、キャラクターにも依存します。声が大きく、いつも皆を笑わせているような人は、案外うまくなく、逆に一歩引いて目立たない人が案外うまかったりするものです。普段、話しまくって盛り上げることができない人は、意識してこのスキルを磨くことをお勧めします。

外資系の広告代理店に勤めるチームリーダーから次のような話を聞きました。彼のチームは7名で、WEB系媒体のプロデュースから制作までを担当しています。コロナショック以降、全員テレワークが原則になり、チームメンバーが一堂に会す機会はなくなりました。

そんな中、サブリーダーの女性が、雑談ミーティングやオンラインの脱出ゲームを、チームメンバーでやろうと企画し、リーダーに了解をとって、実践したそうです。

一人暮らしのテレワーク状態が続き、孤独を感じていた若いメンバーは、彼女に心から感謝しました。また、チームリーダーも、希薄になりがちだったチームの絆を彼女がつないでくれていると感謝していました。

これからあなたも、チームの中で、そんな存在になっていってはどうでしょう。

Column

製造・現場部門の新基準

現場打ち合わせから事前打ち合わせに

コロナショックの最中でも、工場や建築現場は通常通り動いていた、という話をよく聞きます。一見、製造、建築など現場の仕事はコロナ後を、意識しなくてもよいようにも思えます。しかし、これまでのようにはいかなくなることもあります。その最たるものが現場打ち合わせです。

これまでは、図面通りにできない、といった問題が発生すると、設計者や担当者を現場に呼んで打ち合わせをして解決してきたような場面で、現場打ち合わせがしにくくなっていきます。設計者や担当者が簡単に来ることができない場所にいることが増えるからです。また、設計者や担当者の出張が認められにくくなっていることもあります。

現場にビデオカメラを設置し、動画で打ち合わせということも考えられるのですが、やはり状況を100%伝えるのは難しく、もどかしい思いをすることになっています。

解決策として、最も良いのは、事前の打ち合わせで問題を発見し、解決しておくことです。となると、現場で仕事をする人たちにとって、これからは図面を読む力だけでなく、そこに潜在する問題を読み取り、解決策まで協議しておける力が必要になってきます。

このような変化は、製造、現場部門に関わる人々にも出てきます。技術スタッフも、精度の高い事前打ち合わせ、現場に行かずに効果的に打ち合わせを進める方法を考えなくてはなりません。顧客と接点を持つ営業担当も、現場の状況把握をどうすればよいか、が課題になってきます。

製造・現場部門については、打ち合わせの様相が変わってくる、という変化が起こるわけですが、もっと深刻な問題も考えられます。それは、需要の縮小により、現場自体がなくなってしまうということです。製造業では、減産にともない工場の統廃合を進めるという計画を進めている企業があります。また、建設業でも計画の縮小、中止という物件が出てきています。

一方で、コロナ後に需要が増している製造業もありますし、コロナ後のオフィス、住宅、街作りをビジネスチャンスにしていく建設業もあるでしょう。

製造、現場部門で働く方々は、目の前の仕事に取り組むとともに、自分の持っているスキルを活かせる場所が、どこにあるか、シミュレーションをしておいたほうがよいかもしれません。

あとがき

最後まで読んでいただき、ありがとうございました。

2020年の2月末頃から、日本全体がコロナ禍に巻き込まれました。私も例外ではありません。

公開セミナー、企業内研修など、年間150日以上ぎっしり詰まっていたスケジュールは、次々に「キャンセル」「延期」となりました。それまで、年間、数えるほどしか休まなかった私は、当初「リフレッシュ休暇だと思えば」と余裕でいましたが、収束のメドがたたない状況が続き、途方に暮れはじめていました。

そんなところへ、ラジオやビジネス誌の方々から「テレワーク下の仕事術」というテーマで取材や、寄稿のお話をいただきました。

幸い、私はテレワークで働いたことも、テレワークのメンバーのマネジメントをしたこともありました。それに加えて、これまで多くの部下、上司の悩みを聞き、それぞれにアドバイスしてきた経験もあります。おかげで、どんな質問にも経験と理論の両面からお答えすることができました。

すると、その後、番組を聞き、雑誌、WEBサイトを見たマスコミの方から次々に取材がくるようになりました。こうして私は、いつの間にか、「テレワーク下で、上司、部下、チームがどのようにすればよいか」というテーマの専門家になっていました。そして、テーマはコロナ後の企業、マネジメントのあり方まで広がっていきました。

それらの内容をまとめたのが本書です。こうして振り返ると、本書を執筆し、世に出すことになったのは私の運命であり、私に課せられた使命だったのではないかという気がしています。

その後、オンライン教材の作成、オンライン研修を受託するようになりました。オンライン打ち合わせにも慣れ、業績も回復し、私のビジネスもニューノーマルに移行しつつあります。

このように、状況は悪くないのですが、正直に言うと「元に戻らないかな」と思うことがあります。会って打ち合わせをする、集まってもらってセミナーをするのは、いま考えると快適なことでした。

ただ、「テレワークでも仕事はできる」ということを、企業、社員ともに知ってしまった以上、完全に元に戻ることはないでしょう。

だから、私自身もビジネススタイル、働き方、価値観が変わった「いま」をどう生きるか、を考えなくてはなりません。適応するだけでなく、これをきっかけに新しいビジネスを作る、新しい自分を作るという前向きな姿勢が求められています。

そう考えると、私も読者の皆さんと同じ立場。ニューノーマルと言われるこれからの時代、ご一緒に、前向きに進んでいきましょう。

／濱田　秀彦／

本書の執筆にあたり、以下の書籍を参考にしています

『アフターコロナ　見えてきた7つのメガトレンド』　日経ＸＴＥＣＨ(日経ＢＰ)

『超タイムマネジメント』　行本明説(大和出版)

濱田 秀彦（はまだ・ひでひこ）

株式会社ヒューマンテック代表取締役。1960年東京生まれ。早稲田大学教育学部卒業。住宅リフォーム会社に就職し、最年少支店長を経て大手人材開発会社に転職。トップ営業マンとして活躍する一方で社員教育のノウハウを習得する。1997年に独立。現在はマネジメント、コミュニケーション研修講師として、階層別教育、プレゼンテーション、話し方などの分野で年間150回以上の講演を行っている。これまで指導してきたビジネスパーソンは4万人超。おもな著書に『上司のタテマエと本音』(SBクリエイティブ)、『あなたが上司から求められているシンプルな50のこと』（実務教育出版）、『社会人1年目からの仕事の基本』（ディスカヴァー・トゥエンティワン）など多数。

●著者エージェント　アップルシード・エージェンシー
https://www.appleseed.co.jp/

●ブックデザイン　光雅

●イラスト　イラストAC

●校正　鷗来堂

「ニューノーマル」最強仕事術

2021年1月26日　第1刷発行

著　　者　濱田 秀彦

発 行 者　川端下誠／鈴木章一

編集発行　株式会社講談社ビーシー
〒112-0013　東京都文京区音羽1-2-2
電話 03-3943-6559（書籍出版部）

発売発行　株式会社講談社
〒112-8001　東京都文京区音羽2-12-21
電話 03-5395-4415（販売）
電話 03-5395-3615（業務）

印 刷 所　豊国印刷株式会社

製 本 所　牧製本印刷株式会社

ISBN978-4-06-521551-7